LOS
**100**
**DISCOS MÁS**
**VENDIDOS DE LOS** **50**

# LOS 100 DISCOS MÁS VENDIDOS DE LOS 50

Charlotte Greig

**LIBSA**

© 2005, Editorial LIBSA
C/ San Rafael, 4
28108 Alcobendas. Madrid
Tel. (34) 91 657 25 80
Fax (34) 91 657 25 83
e-mail: libsa@libsa.es
www.libsa.es

Traducción: Inés Martín
Edición: Equipo Editorial LIBSA

© MMIV, Amber Books Ltd

Título original: *The 100 Best-Selling Albums of the 50s*

ISBN: 84-662-1191-8

# Contenido

# Prólogo

La relación de los 100 álbumes más vendidos de la década de los 50 que figura en las páginas que siguen, se basa en una combinación de los discos de oro y platino que cada uno de ellos consiguió gracias a sus ventas, el puesto que alcanzó en la clasificación *Billboard* y el tiempo que se mantuvo en esa posición. No se incluyen los álbumes de grandes éxitos –como las recopilaciones de los sencillos de más éxito de Elvis Presley–, aunque sí figuran discos de canciones en directo y bandas sonoras originales de películas y de espectáculos musicales.

## Los premios de la RIAA

Los discos de oro y platino por ventas que se usan para clasificar los discos más vendidos de este libro los concede la RIAA (Recording Industry Asociation of America, Asociación Americana de la Industria del Disco). Un disco de oro de la RIAA representa unas ventas de al menos 500.000 discos, y uno de platino de un millón de discos. En una década de la que quedan pocos datos exactos de ventas de discos, los premios de la RIAA son una de las medidas más fiables de los éxitos de ventas, proporcionando una forma eficaz de calcular la posición relativa de los discos más vendidos.

Estas cifras tienen también la ventaja, al contrario que las clasificaciones que se basan solamente en el puesto en las listas, de poder ver las ventas del disco desde la fecha de su primera aparición hasta el día de hoy; un ejemplo es el éxito de un álbum como *Kind Of Blue* de Miles Davis, que en los años 50 no estuvo en las listas pero que se ha vendido bien en las décadas posteriores, reflejándose ello en su puesto.

## Puesto en las listas

Los años 50 fueron los primeros en los discos de larga duración, cuyas ventas fueron relativamente bajas comparadas con las de décadas posteriores. En este período, sólo hubo oficialmente 65 discos de oro o platino, por lo que la clasificación por debajo de estos depende en gran parte de las listas *Billboard*.

La revista *Billboard* empezó a publicar sus listas semanales de discos más vendidos en 1955, lo que significa que la clasificación de los discos con menos de 500.000 unidades vendidas está desplazada hacia los editados en la segunda mitad de la década. Sin embargo, hay una serie de discos aparecidos antes de 1955 que se han clasificado bien. Por ejemplo, el disco *Christmas Carols* de Mantovani, cuya aparición en el mercado fue en 1953, entró en las listas por primera vez en el año 1957 y siguió apareciendo con regularidad en ellas hasta 1962.

Aunque las listas no pueden proporcionar la cifra exacta de ventas de cada disco, sí que pueden identificar a los más vendidos de la década y ofrecer una manera de clasificar a unos con respecto a otros. Cuando uno o más discos han conseguido el mismo puesto destacado, se tiene también en cuenta el tiempo que se mantiene cada uno en él.

## Datos y cifras

El apéndice permite descubrir algunos de los datos y cifras más interesantes del libro. Podemos ver qué artistas tienen más discos en la lista y cuáles fueron las orquestas o vocalistas de más éxito. Puede verse qué discos han recibido alguno de los premios Grammy recién instituidos y cuáles tienen más números uno. Se puede encontrar qué bandas sonoras o temas de musicales se vendieron más y qué casas discográficas fueron las que tuvieron más éxito.

Aparte del tributo a los viejos favoritos, hay bastantes sorpresas para que los amantes de la música las examinen y discutan. Por ejemplo, el disco inicial de Elvis Presley fue superado en ventas por la banda sonora de Henry Mancini para la serie de detectives *Peter Gunn*. A pesar de su popularidad actual, ninguno de los discos de Sinatra llegó tan alto como el *Heavenly* de Johnny Mathis, ahora más olvidado.

Las fichas van ilustradas con una mezcolanza de portadas americanas y británicas: una selección que incluye algunos de los mayores iconos de la década.

**Sinatra tiene más discos entre los 100 más vendidos que cualquier otro artista. Cuando en 1959 apareció su *Come Dance With Me*, le hizo ganar dos premios Grammy, incluido el de mejor disco.**

# Los discos más vendidos de los años 50

Las listas de discos de los 50 representan la última fase de la música ligera antes de la llegada del rock & roll. Desde cierto punto de vista, la gama de esta música –desde Rogers y Hammerstein hasta Frank Sinatra, de Mantovani a Mitch Miller– es la de una época perdida. Desde otro, es el recuerdo de un tiempo en el que la música popular estaba en su infancia y empezaba a convertirse, en artistas, formato y mercado, en la industria multimillonaria en dólares que es hoy.

## El nacimiento del álbum o LP

Antes de los años 50, el mercado discográfico estaba dominado por los discos de 78 rpm, quebradizos y hechos de laca. Solían tener 10 pulgadas (25,4 cm) de diámetro y tenían unos 3 minutos de música a cada lado (hubo también a la venta un número pequeño de discos de 12 pulgadas con 5 minutos de música). El disco de 78 rpm podía contener dos melodías; si el cliente quería comprar una obra más larga– un concierto de música clásica o las canciones de una obra musical– lo único que podía hacer era comprar de 3 a 6 discos de 78 rpm con sus fundas y metidos en un «libro» de cartón o de cuero. Se los llamaba «álbumes», porque con sus fundas de papel en forma de libro se parecían a un álbum de fotografías.

## El triunfo del LP

En 1948, la casa discográfica Columbia desarrolló un nuevo formato revolucionario, sustituyendo los frágiles discos antiguos de laca por otros más flexibles de vinilo –de 10 a 12 pulgadas– que tenían los surcos más estrechos y podían tocarse a 33,1/3 rpm. Estos nuevos discos, llamados long play o LP, revolucionaron el mercado. La RCA respondió lanzando un formato de vinilo de 7 pulgadas (18 cm) que se tocaba a 45 rpm: se les llamó sencillos (singles). La RCA también siguió con el formato de álbum de fotos, haciendo cajas de cuatro o cinco sencillos que vendía como alternativa más pequeña a los LP de la Columbia.

Era más fácil poner un disco con 20 minutos de música por cada lado que estar manejando continuamente media docena de discos más cortos: los LP de la Columbia derrotaron pronto a los álbumes de la RCA y, mediada la década, el mercado se había asentado en los formatos que iba a conservar durante los siguientes 30 años.

Los compradores podían elegir entre discos sencillos de 45 rpm y LP de 33,1/3 rpm, a los cuales se les empezó a llamar álbumes. En 1955, el mercado de los LP o discos de larga duración se había establecido de tal forma que la revista *Billboard,* que llevaba haciendo listas de sencillos desde 1936, empezó a hacer también una lista semanal de discos LP más vendidos.

## Mercados distintos

La música hecha para el nuevo mercado de los LP en los años 50 era completamente diferente de la hecha para el de sencillos. Estos eran en gran parte para adolescentes y niños. También se acomodaban a los gustos de los adolescentes de clase baja: la música negra y la country se solía grabar en sencillos. En los años 50, las listas de LP representaban los gustos de la parte más adinerada del público norteamericano. Esto se basaba, en parte, sencillamente en la economía: un LP costaba más de dos dólares y un sencillo menos de un dólar. Pero también era una herencia de épocas anteriores, en las que las obras clásicas, más largas, se habían tenido que editar en álbumes.

Durante un tiempo, se asumió que los LP iban dirigidos a una audiencia de más edad, incluyendo música clásica, jazz y la música pop, fácil de escuchar. En cambio, los artistas de rock & roll raramente hacían LP... excepto si eran Elvis Presley o Pat Boone. Pero incluso éstos tenían mucho menos éxito con los LP que con los sencillos. Así,

Los discos LP de los 50 solían ir dirigidos a compradores de más edad y más conservadores, un hecho que explica en parte el predominio de la música de orquesta ligera, como los *Valses de Strauss* de Mantovani,

mientras que en décadas posteriores los LP expresaban las últimas tendencias en música ligera, en los años 50 reflejaban los gustos de los compradores de más edad y más conservadores.

## Los más vendidos

Esto se demuestra por las listas de los LP más vendidos de la época. Hay nada menos que 20 discos con bandas sonoras de cine y teatro y nueve de canciones de Navidad. En cuanto a los vocalistas, Frank Sinatra es la figura predominante, con diez discos en la lista. No muy lejos, van Johnny Mathis y Harry Belafonte, con seis cada uno, mientras que Elvis Presley sólo tiene cinco.

También es sorprendente la popularidad de las orquestas de música ligera. Mantovani tiene seis discos de los más vendidos en los años 50; Jackie Gleason tiene cuatro y Ray Conniff y Roger Williams, tres cada uno. Algunos de estos artistas –como Mantovani y su orquesta– eran de tradición clásica, ofreciendo versiones orquestadas para cuerda de obras clásicas y melodías de espectáculos. Otros músicos, como en el caso de Ray Conniff o Billy Vaughn, eran descendientes de la gran explosión de las grandes bandas de los años 30 y solían ofrecer a sus oyentes versiones más sincopadas de tipo pop.

Todavía es más sorprendente la popularidad del director de orquesta y dueño de una discográfica

Mitch Miller. Sus LP «familiares» ocupan seis puestos en las listas. Pero si consideramos que estos discos (que venían con hojas con las letras, para que los oyentes las cantasen) eran el karaoke de su tiempo, no parece tan raro su éxito.

## Los rebeldes del rock & roll

Incluso una fugaz mirada a los discos más vendidos de los 50 confirma –con las excepciones de Elvis Presley y Miles Davis– que no es una lista de innovadores musicales. En vez de eso, apunta que la música que más se vende en una época no es la que más se recuerda o se discute años más tarde.

La imagen tópica que hoy tenemos de los años 50 –rock & roll, jazz y James Dean–, en realidad representa unos aspectos de la cultura que entonces eran excepciones. Si uno quiere saber por qué James Dean se convirtió en un rebelde sin causa, no hay más que ver las listas de éxitos. La razón por la que el rock & roll causó tal sensación es muy clara: porque papá y mamá estaban ocupados oyendo a Mantovani, Johnny Mathis, Ray Conniff y Tennessee Ernie Ford.

## Las reglas del juego

Es revelador que el LP más vendido del más destacado artista de la década –Elvis Presley– no es su recopilación inicial que lleva su nombre sino su

*Elvis' Christmas Album.* Pero hay dos razones para ello. En primer lugar, los discos con villancicos siempre eran favoritos, vendiéndose a veces más que las obras propias del intérprete. En segundo lugar, Elvis estaba especializado en grabar sencillos y muchos de sus LP más vendidos eran recopilaciones de sencillos de éxito (que no se incluyen aquí).

Otra presencia intrigante, en la parte de arriba de la lista, es la obra maestra de jazz de Miles Davis: *Kind Of Blue*. Es el único LP de los Top 100 que nunca estuvo en las listas en su época. La mayor parte de los discos se vendían bien cuando aparecían; en cambio, *Kind Of Blue* ha permanecido en el catálogo y tiene más devotos cada año que pasa: hasta hoy, se han vendido más de tres millones de copias en los EE.UU. y se siguen vendiendo miles más cada semana, más de 40 años después de su edición inicial. Sólo se le acerca *Take Five* de Dave Brubeck, un clásico de jazz que se ha convertido en un éxito de ventas a largo plazo.

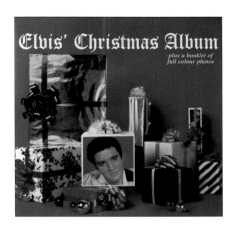

El LP *Elvis' Christmas Album,* consagrado al espíritu navideño, no era el de un rebelde adolescente: encajaba mejor con los gustos del público que sus discos de rock & roll.

## Películas y obras musicales

Otros eternos favoritos de los compradores de los años 50 fueron los LP de los musicales de cine y teatro. Es posible que los musicales de teatro estuvieran llegando al final de su edad de oro en esta década, pero en aquel momento nadie lo hubiera pensado. *West Side Story, El Rey y yo, Al sur del Pacífico* y *The Sound Of Music* –estrenados todos durante aquella década– estaban llenos de canciones memorables que se han convertido en referencias permanentes del repertorio de música popular. Desde luego, la popularidad de los musicales se reflejaba en la lista de los discos más vendidos, con la versión de Broadway de *My Fair Lady* y la versión en cine de *Oklahoma* entre los cinco primeros.

### Canciones melódicas

Después de los musicales, se pasó a los *crooners*, los cantantes melódicos. Johnny Mathis tuvo los discos de mayor éxito de los años 50, aunque su estrella se apagó mucho en las décadas siguientes. En principio, Mathis fue contratado por Mitch Miller, el dueño de la Columbia A&R, para reemplazar a Frank Sinatra (a quien Miller detestaba y echó de la firma). Durante un tiempo, Mathis fue tan popular como Sinatra; sin embargo, la posterioridad se ha inclinado del lado de este último: casi todos sus discos de éxito de la década se siguen editando.

Sinatra es una figura clave en el desarrollo del mercado del LP y no sólo por su popularidad. Fue el primer artista pop en ver realmente las posibilidad del LP como un formato por derecho propio. Mientras que otros cantantes melódicos sacaban discos que consistían en un par de éxitos y una masa de relleno, cada uno de los LP de Sinatra de

los 50 grabados para la discográfica Capitol estaban expresamente concebidos como tales. Así, *Songs For Swingin' Lovers* está hecho de canciones de amor con mucho ritmo; *In The Wee Small Hours* es sensiblero y triste, mientras que *Come Fly With Me* tiene canciones con temas de viajes.

### Los diseños de las portadas

Otro motivo por el que los discos de Sinatra influyeron tanto fue la atención prestada a sus fundas. Durante los primeros años, los discos de 78 rpm se vendían en fundas de papel o cartulina que tenían el nombre de la casa discográfica y nada más. En las tiendas no estaban a la vista y el comprador tenía que pedir el disco por su nombre. Esto empezó a cambiar en 1938, cuando un joven diseñador gráfico llamado Alex Steinweiss, que trabajaba para la Columbia, diseñó una vistosa caja para el álbum *Smash Song Hits Of Rodgers & Hart*. Más tarde, cuando la Columbia empezó a editar discos LP, fue Steinweiss quien inventó la funda doblada, impresa y laminada que se convirtió en la envoltura estándar para los LP.

La idea de Steinweiss se imitó enseguida en el campo del jazz, en donde discográficas como Blue Note y Prestige hicieron memorables fundas de LP a lo largo de toda la década. Sin embargo, en el campo de la música melódica las fundas de Frank Sinatra iban a la cabeza, demostrando de qué forma la portada artística del exterior podía complementar la música de dentro, algo que hoy damos por hecho.

## Calipso y folclore

Además de Sinatra, el otro gran solista masculino fue Harry Belafonte, cuyo estilo meloso de calipso tuvo un éxito sensacional en los 50. En un momento en que los artistas negros –desde Little Richard a Billie Holliday– no llamaban mucho la atención de la mayoría de la audiencia blanca, Belafonte se convirtió en una gran estrella.

Otro estilo musical que impresionó al americano medio a finales de los 50 fue la música folk. Enfrentada a la era espacial, Norteamérica empezaba a mirar hacia sus raíces buscando algo tranquilizadoramente tradicional. Destacaron los Kingston Singers, cuyo estilo fácil y gracioso de música folclórica los hizo muy populares en los últimos años de la década. Hasta Mitch Miller se apuntó a la moda folk, grabando *Folk Songs Sing Along With Mitch*.

## Música celestial

Puede que el rock & roll fuese la música del diablo, pero la religión ganaba la batalla en las listas de éxitos. Aparte de Elvis Presley, sólo hubo dos artistas de rock & roll que tuvieron éxito en su empeño: Ricky Nelson y Pat Boone. En cambio, nun-

Las grabaciones de Frank Sinatra para la Capitol trataban de ser algo más que una simple colección de canciones. Hubo discos LP –como *Songs For Swinging' Lovers*– hechos con una idea consistente y premeditada, tanto en contenido como en la presentación del disco.

ca hubo tantos discos explícitamente religiosos en las listas. Tennessee Ernie Ford tuvo cuatro éxitos con sus discos de himnos y espirituales. No muy lejos estuvo el coro Mormon Tabernacle Choir con *The Lord's Prayer* y el de la coral de Robert Shaw *Christmas Hymns.*

En aquellos años la música clásica todavía podía encaramarse a las listas. El pianista Van Cli-

Los extraños efectos musicales y gorjeos de pájaros del disco *Exotica* de Martin Denny se adaptaban perfectamente a la nueva tecnología estereofónica de la época.

burn estuvo siete semanas en cabeza con su grabación del concierto para piano de Tchaikovsky con el que había ganado el Concurso Tchaikovsky de Moscú en plena Guerra Fría. El director de orquesta Antal Dorati también tuvo éxito con un disco técnicamente innovador: *Tchaikovsky's 1812*, que gustó especialmente a los aficionados a la alta fidelidad.

## La música se vuelve «estéreo»

En los años 50, no sólo iba cambiando el formato de los discos sino también los equipos de sonido para tocarlos. La nueva consigna era «estéreo». Por primera vez, la tecnología podía dividir en dos las señales de audio. De repente, todo el que pudiera permitirse un equipo estereofónico de alta fidelidad podía convertir su cuarto de estar en una sala de conciertos en miniatura. Las primeras en usar esta tecnología fueron las orquestas de música clásica y ligera. Mantovani experimentó mucho con la colocación de los micrófonos: la serie *Living Presence* de la Mercury –a la que pertenecía el *Tchaikovsky's 1812* de Dorati– fue uno de los primeros ejemplos que demostraron de lo que era capaz la nueva forma de grabar.

Desde luego, uno de los discos de este libro –*Exotica,* de Martin Denny– debió su éxito tanto a las posibilidades del estéreo como a su insólita mezcla de jazz ligero y un remedo de música hawaiana. Es bastante curioso que, en los últimos años, el disco *Exotica* haya tenido una especie de *revival*: su atractivo *kitsch* tiene mucho éxito entre los nostálgicos actuales de la música antigua. Es un honor que comparte con la serie de discos de música romántica de Jackie Gleason, que también fue uno de los éxitos más insólitos de la década.

## Música lenta y cómoda

En las listas de los años 50 no estaba la música de la rebelión adolescente: era la del americano medio recuperándose del trauma de la II Guerra Mundial y disfrutando de una nueva época de prosperidad sin precedentes. Los 50 vieron una serie de cambios revolucionarios que iban a transformar para siempre la industria discográfica y la cultura popular: empezaban a surgir los nuevos ritmos del rock & roll y los avances tecnológicos comenzaban a demostrar de lo que era capaz la música grabada. Pero también era una época en la que casi todos los que compraban discos preferían lo familiar a lo revolucionario. El rock & roll había dominado las listas de éxito de los sencillos, pero para la mayoría de los oyentes, lo que definía realmente la música de la época era el encanto de los musicales, del pop y de los vocalistas favoritos de música ligera.

En la práctica, la estrella de la TV Jackie Gleason no era un músico y ni siquiera tocaba en sus grabaciones. Sin embargo, su serie de música ligera tocó desde luego el corazón de los compradores. Salvador Dalí fue quien diseñó la funda de *Lonesome Echo,* el primer disco de Gleason que fue n.º 1 en las listas de éxitos.

# 100 Fanny

| • **Discos vendidos:** menos de 500.000 | • **Puesto más alto:** 7 | • **Fecha de publicación:** enero de 1955 |

*Fanny* fue el mayor éxito de la carrera del veterano de Broadway Harold Rome. Había tenido éxito antes de la guerra con su revista izquierdista *Pins and Needles* y se puso de moda de nuevo después del éxito, en 1954, de *Wish You Were Here,* que llegó a las 598 representaciones y dio a Eddie Fisher un n.° 1 con la canción del mismo nombre.

Lo mismo que en *Wish You Were Here,* el libreto de *Fanny* lo escribió Joshua Logan, quien también la dirigió. *Fanny* cuenta la historia de una chica del puerto de Marsella cuyo amante se va al mar en busca de aventuras. La interpretaban Florence Henderson (quien se hizo famosa como Carol Brady en *The Brady Bunch*) como Fanny y Ezio Pinza (el bajo principal durante mucho tiempo del Metropolitan Opera) que hacía de padre del joven. Sin embargo, el arma secreta del espectáculo era Nejla Ates, una bailarina turca de la danza del vientre, que se convirtió en el número bomba del espectáculo (tanto que, como publicidad, el empresario de Broadway David Merrick puso una estatua de tamaño natural de ella desnuda en Central Park).

Estrenada en noviembre de 1954, *Fanny* llegó a un número impresionante de representaciones: 888. Editado en 1955, el disco llegó a estar en el puesto siete en la lista de éxitos.

**Sencillo n.° 1:** Ninguno

**Premios Grammy:** Ninguno

**Compañía discográfica:** EE.UU.: RCA Victor

**Grabado en:** Nueva York, EE.UU.

**Equipo:**
Florence Henderson
Ezio Pinza
Nejla Ates
Walter Slezak
William Tabbert

**Productor:**
Morris Stoloff

1 Overture (5:03)
2 Octopus Song (1:06)
3 Restless Heart (2:48)
4 Never Too Late For Love (2:13)
5 Cold Cream Jar Song (0:28)
6 Why Be Afraid To Dance? (3:38)
7 Shika, Shika (2:27)
8 Welcome Home (3:25)
9 I Like You (2:35)
10 I Have To Tell You (2:09)
11 Fanny (1:55)
12 Panisse And Son (2:27)
13 Wedding Dance (2:07)
14 Finale Act I (0:52)
15 Birthday Song (2:22)
16 To My Wife (2:13)
17 The Thought Of You (2:05)
18 Love Is A Very Light Thing (2:10)
19 Other Hands, Other Hearts (1:48)
20 Montage (2:32)
21 Be Kind To Your Parents (2:21)

Duración total del disco:
49 minutos

**Banda sonora original**

ORIGINAL CAST
RECORDING

RCA VICTOR
LOC-1015

DAVID MERRICK and JOSHUA LOGAN
*present*

EZIO                    WALTER
# PINZA      SLEZAK

## A NEW MUSICAL

# "FANNY"

Musical Play by
**S. N. BEHRMAN and JOSHUA LOGAN**

Music and Lyrics by
**HAROLD ROME**

*(based on the trilogy of Marcel Pagnol)*

*Directed by*
**JOSHUA LOGAN**

A "NEW ORTHOPHONIC" HIGH FIDELITY RECORDING

© RCA Printed in U.S.A.

Diseño de portada de Zinn Arthur

• **Discos vendidos:** menos de 500.000 | • **Puesto más alto:** 7 | • **Fecha de publicación:** marzo de 1955

El director de orquesta Benny Goodman («El rey del swing») ya no estaba en su apogeo a mediados de los 50. En los últimos años 30 había dominado en las listas de sencillos, pero la guerra había sentenciado a las grandes orquestas y hasta Goodman había tenido que disolver la suya permanentemente en 1949.

*B.G. In Hi-Fi* fue producto del interés de Goodman por las posibilidades de la nueva tecnología de grabación en estudio. Cansado de reeditar material antiguo, decidió volver a grabar en Hi-Fi (High Fidelity, alta fidelidad) algunas de sus canciones favoritas, trabajando en los Riverside Studios de Nueva York. La mitad de las 16 canciones del disco –incluidas las reproducciones de «Let's Dance» y «Stompin' At The Savoy»– las grabó su orquesta completa (en su mayoría tocando arreglos de Flet-

cher Henderson). Las ocho canciones restantes (incluida una reedición rápida de «Get Happy») las grabaron dos bandas más pequeñas; en ellas había varios talentos como los trompetistas Ruby Braff y Charlie Shaves, el batería Jo Jones y el propio Goodman con el clarinete.

El resultado fue un disco de los mejores de Goodman y que llegó a estar en el n.° 7 en las listas.

**Sencillo n.º 1:** Ninguno

**Premios Grammy:**
Ninguno

**Compañía discográfica:**
EE.UU.: Capitol

**Grabado en:**
Nueva York, EE.UU.

**Equipo:**
Benny Goodman (m. 1986)
Ruby Braff
Jo Jones
Mel Powell
Charlie Shavers
Bobby Donaldson
George Duvivier

**Productor:**
Dato no disponible

1 Let's Dance (2:13)
2 Air Mail Special (3:36)
3 Get Happy (3:03)
4 Jersey Bounce (3:03)
5 When I Grow Too Old to Dream (3:23)
6 You Brought a New Kind of Love to Me (2:49)
7 Blue Lou (2:49)
8 Jumpin' at the Woodside (3:28)
9 Stompin' at the Savoy (3:13)
10 Sent for You Yesterday (And Here You Come Today) (3:03)
11 (What Can I Say) After I Say I'm Sorry? (3:08)
12 Rock Rimmon (3:26)
13 You're a Sweetheart (2:59)
14 Somebody Stole My Gal (3:24)
15 Big John's Special (3:06)
16 Let's Dance (2:55)

Duración total del disco: 50 minutos

# 98 There's No Business Like Show Business

| • Discos vendidos: menos de 500.000 | • Puesto más alto: 6 | • Fecha de publicación: diciembre de 1954 |

*There's No Business Like Show Business* fue una de las películas musicales más lujosas de los años 50, la época de las grandes producciones del cine. La MGM había dominado el género durante años y, con esta película, la 20th Century Fox estaba decidida a superarla. Para ello, reunió un equipo formidable.

Las canciones eran de Irving Berlin: esencialmente, una colección de algunos de sus grandes éxitos –desde «Alexander Ragtime Band» y «When the Midnight Choo Choo Leaves For Alabama» hasta la fantástica canción que da título al álbum– en vez de composiciones nuevas. Entre las estrellas estaban Marilyn Monroe, en el apogeo de su carrera, la diva de Broadway Ethel Merman y Johnny Ray, el ídolo de las adolescentes.

El guión era endeble y se refería a las penas y éxitos de una familia de artistas mientras intentaban abrirse paso en el negocio del espectáculo. Los críticos dijeron que la Fox tenía que haber invertido más dinero en conseguir un buen guión, pero el corazón de la película eran sus números musicales, con lo que la banda sonora no se resintió.

Desgraciadamente y por razones de contrato, la interpretación de Marilyn Monroe tuvo que ser grabada de nuevo en el disco por Dolores Gray. No obstante, el disco en conjunto fue lo bastante atractivo y bonito como para llegar al número seis en las listas.

**Sencillo n.º 1:** Ninguno

**Premios Grammy:** Ninguno

**Compañía discográfica:** EE.UU.: Decca; R.U.: Brunswick

**Grabado en:** Dato no disponible

**Equipo:**
Ethel Merman (m. 1984)
Donald O'Connor (m. 2003)
Dan Dailey (m. 1978)
Mitzi Gaynor
Johnnie Ray
Dolores Gray
20th Century Fox
con su orquesta y coro

**Productor:** Dato no disponible

1 There's No Business Like Show Business (2:31)
2 When The Midnight Choo Chooo Leaves for Alabam (1:54)
3 Play A Simple Melody (2:51)
4 After You Get What You Want, You Don't Want It (3:37)
5 If You Believe (3:19)
6 A Man Chases A Girl (Until She Catches Him) (5:15)
7 Lazy (5:26)
8 Heat Wave (4:24)
9 Sailor's Not A Sailor ('Til A Sailor's Been Tattooed) (4:41)
10 Alexander's Ragtime Band (8:38)
11 Finale (2:23)

Duración total del disco: 45 minutos

Selections from the Sound Track of Darryl F. Zanuck's presentations of

# IRVING BERLIN'S
# THERE'S NO BUSINESS LIKE SHOW BUSINESS

A 20th Century - Fox Production in Cinemascope

LYRICS and MUSIC by
**IRVING BERLIN**

PRODUCED BY
**SOL C. SIEGEL**
DIRECTED BY
**WALTER LANG**
COLOUR BY
**DELUXE**

ETHEL MERMAN

DONALD O'CONNOR

DAN DAILEY

JOHNNIE RAY

MITZI GAYNOR

and
**DOLORES GRAY**
(not in film)

with THE 20th CENTURY-FOX ORCHESTRA and CHORUS
ALFRED NEWMAN and LIONEL NEWMAN, Musical Directors   KEN DARBY, Vocal Director

THERE'S NO BUSINESS LIKE SHOW BUSINESS • AFTER YOU GET WHAT YOU WANT YOU DON'T WANT IT • PLAY A SIMPLE MELODY
LAZY • WHEN THE MIDNIGHT CHOO CHOO LEAVES FOR ALABAM' • IF YOU BELIEVE • A MAN CHASES A GIRL • HEAT WAVE
A SAILOR'S NOT A SAILOR • ALEXANDER'S RAGTIME BAND • THERE'S NO BUSINESS LIKE SHOW BUSINESS (Finale)

# *Brunswick*   LONG PLAYING MICROGROOVE
FLEXIBLE RECORD

LONG 33⅓ RPM PLAYING

LAT 8059

# 97 Damn Yankees

• **Discos vendidos:** menos de 500.000 | • **Puesto más alto:** 6 | • **Fecha de publicación:** junio de 1955

La banda sonora de este musical fue compuesta por Richard Adler y Jerry Ross, que habían
tenido éxito anteriormente con *Rags to Riches* y
*The Pyjama Game*. Esta pareja era muy conocida
por usar frases hechas americanas en canciones
muy relacionadas con el argumento; en *Damn Yankees* siguieron con este estilo.

El libreto de *Damn Yankees (Condenados yankees)* se basó en el libro *The Year The Yankees Lost
The Pennant (El año en que los yankees perdieron
el banderín)* de Douglas Wallop. Trata de un aficio-
nado al béisbol de mediana edad que vende su
alma al diablo en un pacto como el de Fausto, convirtiéndose en una joven estrella del béisbol. Para
ello debía pagar un precio.

Entre lo más destacado del espectáculo estaban las canciones «Whatever Lola Wants», «Two
Lost Souls» y «Heart». El papel principal de Lola, la
malhumorada ayudante del diablo, lo representó
Gwen Verdon, con una actuación que la hizo famosa y le hizo ganar el premio Tony. Posteriormente, interpretó la versión cinematográfica del espectáculo.

*Damn Yankees* se estrenó en el teatro de la calle 46, en mayo de 1955 y tuvo 1.019 representaciones. Después de llegar al puesto seis de las listas, el disco con la versión original de los
intérpretes siguió en ellas durante 12 semanas.

**Sencillo n.º 1:** Ninguno

**Premios Grammy:**
Ninguno

**Compañía discográfica:**
RCA Victor

**Grabado en:**
Dato no disponible

**Equipo:**
Gwen Verdon (m. 2000)
Stephen Douglass
Ray Walston
Robert Shafer

**Productor:**
Dato no disponible

1  **Overture: Six Months Out Of Every Year**  (4:44)
2  **Goodbye, Old Girl**  (3:16)
3  **Heart**  (4:42)
4  **Shoeless Joe From Hannibal, Mo**  (3:42)
5  **A Little Brains, A Little Talent**  (3:39)
6  **Man Doesn't Know**  (3:11)
7  **Whatever Lola Wants**  (3:12)
8  **Heart (Reprise)**  (1:25)
9  **Who's Got The Pain?**  (2:54)
10 **The Game**  (4:32)
11 **Near To You**  (3:29)
12 **Those Were The Good Old Days**  (2:38)
13 **Two Lost Souls**  (2:18)
14 **A Man Doesn't Know**  (1:25)
15 **Finale**  (0:58)

Duración total del disco: 46 minutos

**Banda sonora original**

AN
ORIGINAL
CAST
RECORDING

RCA VICTOR
LOC-1021
A "NEW ORTHOPHONIC" HIGH FIDELITY RECORDING

FREDERICK    ROBERT E.    HAROLD S.
BRISSON  •  GRIFFITH and PRINCE
(in association with ALBERT B. TAYLOR)
present

# GWEN VERDON

in

# "damn yankees"

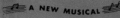

## A NEW MUSICAL

(Based on the novel, "The Year the Yankees Lost the Pennant"
by Douglass Wallop)

starring

## STEPHEN        RAY
## DOUGLASS     WALSTON

with RUSS BROWN  •  SHANNON BOLIN  •  JIMMIE KOMACK
NATHANIEL FREY  •  RICHARD BISHOP  •  JEAN STAPLETON
ROBERT SHAFER  •  RAE ALLEN  •  EDDIE PHILLIPS

Book by
### GEORGE ABBOTT and DOUGLASS WALLOP

Music and Lyrics by
### RICHARD ADLER and JERRY ROSS

Choreography by
### BOB FOSSE

Scenery and Costumes designed by
### WILLIAM and JEAN ECKART

Musical direction by          Orchestrations by          Dance Music Arrangements
HAL HASTINGS        `DON WALKER        ROGER ADAMS

Production Directed by
### GEORGE ABBOTT

RCA Printed in U.S.A.

# 96 Picnic

• **Discos vendidos:** menos de 500.000 │ • **Puesto más alto:** 6 │ • **Fecha de publicación:** mayo de 1956

**Banda sonora original**

La película *Picnic,* dirigida por Joshua Logan, tuvo un rotundo éxito en 1955, año en que se estrenó. Cuando se editó la banda sonora al año siguiente, el disco fue a parar directamente a las listas de éxitos.

La música sensual de la película –de George Duning– realzó la adaptación cinematográfica de la obra teatral original de William Inge. El argumento se centraba en un romance entre un hombre guapo, vagabundo y derrotado (representado por William Holden) y una guapa chica de pueblo (Kim Novak). El tema de la película, reflejado en la banda sonora de Duning, se refiere a la represión sexual y los sueños frustrados de una pequeña comunidad del Medio Oeste americano. Tanto para la crítica como para los espectadores, una de las escenas más notables es aquella en la que William Holden y Kim Novak bailan siguiendo la música de «Moonglow».

Esta y otras melodías populares de la película –entre ellas «Love's Theme»–, las interpretó la orquesta Columbia Studio, dirigida por Morris Stoloff. Aunque *Picnic* no ganó el Oscar a la mejor película del año, la crítica la puso por las nubes y fue muy taquillera. La banda sonora tuvo también mucho éxito, llegando al puesto seis en las listas de discos más vendidos y permaneciendo en ellas durante 18 semanas.

1   Love's Theme  (2:34)
2   Hal's Theme  (1:54)
3   The Owens Family  (4:11)
4   Flo And Madge  (4:25)
5   Love Theme from *'Picnic'*  (2:16)
6   Moonglow  (3:45)
7   It's a Blue World-Torn Shirt  (4:58)
8   Torn Shirt  (6:32)
9   Rosemary Pleads/Rosemary Alone  (2:10)
10  Culmination/Hal's Escape  (5:52)
11  That Owens Girl/Millie  (1:31)
12  You Love Me/Madge Decides  (5:40)

Duración total del disco: 44 minutos

**Sencillo n.º 1:** Ninguno

**Premios Grammy:** Ninguno

**Compañía discográfica:** EE.UU.: Decca

**Grabado en:** Dato no disponible

**Equipo:** Morris Stoloff Columbia Studio Orchestra

**Productor:** Dato no disponible

DL 78320

# FULL STEREO

the ultimate in HI-FI

## MUSIC FROM THE SOUND TRACK
*of the Columbia Picture*

HI DECCA RECOR

# 95 Mantovani Stereo Showcase

| • **Discos vendidos:** menos de 500.000 | • **Puesto más alto:** 6 | • **Fecha de publicación:** enero de 1959 |

La enorme popularidad durante los años 50 del director de orquesta Annunzio Paolo Mantovani (Monty para sus amigos y adeptos), no fue sólo consecuencia de sus espléndidos arreglos de melodías familiares. Seguramente, la influencia más duradera de Mantovani fue la de ser un pionero de las grabaciones. Al contrario que otros directores de orquesta de su generación, Mantovani se dio cuenta de que grabar un disco era algo totalmente distinto de un concierto en directo.

Para ello trabajó incansablemente con los ingenieros de sonido de los estudios de la Decca de Londres para encontrar la mejor forma de grabar con su orquesta. Se convirtieron en los mejores del mundo en el arte de situar los micrófonos y, cuando llegó la tecnología estereofónica, la adoptaron con entusiasmo. El *Mantovani Stereo Showcase* fue precisamente eso, una selección en la que Mantovani recogía algunos de sus temas favoritos,

desde «Greensleeves» a «Some Enchanted Evening» y sirvió para ver todo lo que el estéreo podía ofrecer. El resultado fue un disco que se convirtió en imprescindible para los que ya tenían los nuevos equipos de alta fidelidad.

El *Mantovani Stereo Showcase* llegó a estar en el puesto sexto de las listas de éxitos: un logro excelente para un disco sólo estereofónico en un momento en que poca gente tenía este tipo de equipo de sonido.

| | |
|---|---|
| **Sencillo n.º 1:** Ninguno | **Grabado en:** Londres, R.U. |
| **Premios Grammy:** Ninguno | **Equipo:** Annunzio Paolo Mantovani (m. 1980) |
| **Compañía discográfica:** EE.UU.: Decca; R.U.: London | **Productor:** Dato no disponible |

1 **Theme From Limelight** (2:55)
2 **Village Swallows** (3:15)
3 **Tammy** (3:35)
4 **Come Prima (For The First Time)** (2:40)
5 **Greensleeves** (3:15)
6 **Schön Rosmarin** (2:15)
7 **I Could Have Danced All Night** (3:00)
8 **Some Enchanted Evening** (3:30

Duración total del disco: 24 minutos

# MANTOVANI

## STEREO
### Showcase

**THEME FROM LIMELIGHT**
from FILM ENCORES—Vol. 1 (PS 124)

**VILLAGE SWALLOWS**
from STRAUSS WALTZES (PS 118)

**TAMMY**
from FILM ENCORES—Vol. 2 (PS 164)

**COME PRIMA (For The First Time)**
from CONTINENTAL ENCORES (PS 147)

**GREENSLEEVES**
from WALTZ ENCORES (PS 119)

**SCHÖN ROSMARIN**
from CONCERT ENCORES (PS 133)

**I COULD HAVE DANCED ALL NIGHT**
from GEMS FOREVER (PS 106)

**SOME ENCHANTED EVENING**
from SONG HITS FROM THEATRELAND (PS 125)

# 94 Music To Remember Her

• **Discos vendidos:** menos de 500.000 │ • **Puesto más alto:** 5 │ • **Fecha de publicación:** abril de 1955

Cuando el actor y comediante Jackie Gleason propuso por primera vez a la Capitol la idea de hacer un disco de música romántica, no tuvo muy buena acogida. Sólo la aceptaron cuando Gleason prometió resarcir a la discográfica, personalmente, de las posibles pérdidas que pudiera haber en este proyecto. Pero resultó que Gleason no tuvo que poner dinero de su bolsillo: el disco producido –*Music For Lovers Only*– tuvo un éxito enorme e inspiró una serie de exitosas grabaciones del mismo tipo.

La primera que apareció en las listas de discos más vendidos fue *Music To Remember Her*. En este disco, Gleason se sacó de la manga un truco simpático: cada canción o melodía tenía un nombre distinto de chica: Ruby, Cherry, Dinah, Sweet Lorraine y así sucesivamente. La propia música era suavemente discreta: sólo las notas agudas del cornetín y la trompeta de Bobby Hackett sobresalían en la orquestación atenuada. Desde luego, eran melodías muy melosas; Gleason solía decir: «lo único que hay mejor que una de mis canciones es una de mis canciones con un vaso de whisky». Los compradores estuvieron pronto de acuerdo y el disco llegó a estar en el n.° 5 en las listas, en las que permaneció durante 16 semanas.

**Sencillo n.° 1:** Ninguno

**Premios Grammy:** Ninguno

**Compañía discográfica:** EE.UU.: Capitol

**Grabado en:** Dato no disponible

**Equipo:** Pete King Bobby Hackett

**Productor:** Jackie Gleason (m. 1987)

1 **Ruby** (3:22)
2 **Dinah** (3:06)
3 **Stella By Starlight** (3:45)
4 **Sweet Sue, Just You** (3:14)
5 **Marie** (2:36)
6 **Jeannine, I Dream Of Lilac Time** (3:05)
7 **Louise** (3:06)
8 **Tangerine** (3:27)
9 **Marilyn** (4:10)
10 **Diane** (2:34)
11 **Charmaine** (2:41)
12 **Laura** (3:28)

Duración total del disco: 39 minutos

**Jackie Gleason**

CAPITOL **DUOPHONIC** ® FOR STEREO PHONOGRAPHS ONLY

DW 570

Capitol
RECORDS
HIGH FIDELITY

JACKIE
GLEASON
PRESENTS MUSIC TO
REMEMBER
HER

Ruby / Dinah / Stella By Starlight / Sweet Sue,
Just You / Marie / Jeannine, I Dream of Lilac Time / Louise
Tangerine / Marilyn / Diane / Charmaine / Laura

# Miss Show Business

| • **Discos vendidos:** menos de 500.000 | • **Puesto más alto:** 5 | • **Fecha de publicación:** septiembre de 1955 |

El disco de más éxito de Judy Garland de los años 50 salió en 1955, justo cuando estaba reapareciendo después de que su carrera en el cine se hubiera hundido en los últimos años 40 por crisis y problemas emotivos. Su reaparición empezó con varios conciertos, recibidos con entusiasmo, en el Palladium de Londres y el Palace de Nueva York. Siguió con una nominación de la Academia por su primera película en cuatro años (*Ha nacido una estrella*) y se confirmó con un programa especial en televisión para la CBS.

Esencialmente, *Miss Show Business* es una grabación de las canciones que cantó en aquel programa, aunque esta fue hecha antes en el estudio para que la Capitol Records pudiera lanzar el disco a las tiendas sólo dos días después de emitirse el programa. Bajo la guía de Roger Edens –que había colaborado con ella mucho tiempo–, Judy em-

pezaba el disco con una pieza coral –«This Is The Time Of The Evening»–, seguida por un par de misceláneas, una de temas de revista y otra de canciones de películas. Pero el número fuerte era la última pieza, una versión de «Over The Rainbow» en la que Judy Garland terminaba sollozando. La hábil campaña comercial de la Capitol Records hizo que el disco fuera un éxito, llegando al n.° 5 en la lista de los discos más vendidos en EE.UU.

1  This Is The Time Of The Evening / While We're Young (4:48)
2  Medley: You Made Me Love You/For Me And My Gal/The Boy Next Door/The Trolley Song (6:16)
3  A Pretty Girl Milking Her Cow (3:03)
4  Rock-a-bye Your Baby With A Dixie Melody (2:38)
5  Happiness Is A Thing Called Joe (4:25)
6  Shine On Harvest Moon/My Man/Some Of These Days/I Don't Care (6:07)
7  Carolina In The Morning (3:04)
8  Danny Boy (3:05)
9  After You've Gone (2:14)
10 Over The Rainbow (3:31)

Duración total del disco: 39 minutos

**Sencillo n.° 1:** Ninguno

**Premios Grammy:** Ninguno

**Compañía discográfica:** EE.UU.: Capitol

**Grabado en:** Hollywood, EE.UU.

**Equipo:** Judy Garland (m. 1969) Jack Cathcart

**Productor:** Dato no disponible

MISS SHOW BUSINESS

# 92 High Society

• **Discos vendidos:** menos de 500.000 | • **Puesto más alto:** 5 | • **Fecha de publicación:** 1956

La banda sonora de *High Society* se editó en 1956. Bing Crosby, Grace Kelly y Frank Sinatra interpretaron la película, basada en una obra de teatro de Philip Barry: *The Philadelphia Story.* La música y las canciones eran de Cole Porter. Louis Amstrong tenía también un papel importante, dirigiendo su orquesta de jazz. Con semejantes estrellas y música, la película no podía fracasar.

El guión trata de una dama perteneciente a la alta sociedad –Grace Kelly– que decide casarse por segunda vez. Su primer marido, interpretado por el actor Bing Crosby, espera que cambie de idea. Para complicar las cosas, hay dos periodistas –Frank Sinatra y Celeste Holm– que han venido a cubrir el acontecimiento.

Las alegres canciones de Cole Porter junto con los ingeniosos diálogos de la obra de Barry hicieron del filme una producción frívola pero con mucha clase. Las mejores canciones de la música de Cole Porter fueron «Who Wants To Be A Millionaire», «True Love» y «Well, Did You Evah». Otros éxitos fueron «High Society Calypso» y «Now You Has Jazz», ambas de Louis Amstrong. La orquestación fue de Nelson Riddle, bajo la dirección de Johnny Green y Saul Chaplin.

Esta banda sonora llegó hasta el n.° 5 en las listas de la revista *Billboard,* permaneciendo en ella un total de 28 semanas.

**Sencillo n.° 1:** Ninguno

**Premios Grammy:**
Ninguno

**Compañía discográfica:**
EE.UU.: Capitol

**Grabado en:**
Dato no disponible

**Equipo:**
Cole Porter Orchestra
Louis Armstrong (m. 1971)
y su orquesta
Bing Crosby (m. 1977)
Frank Sinatra (m. 1998)
Celeste Holm
Grace Kelly (m. 1982)

**Productor:**
Dato no disponible

1 High Society (Overture)  (3:27)
2 High Society Calypso  (2:11)
3 Little One  (2:27)
4 Who Wants To Be A Millionaire?  (2:03)
5 True Love  (3:04)
6 You're Sensational  (3:53)
7 I Love You, Samantha  (4:28)
8 Now You Has Jazz  (4:14)
9 Well, Did You Evah?  (3:47)
10 Mind If I Make Love to You?  (2:23)

Duración total del disco: 32 minutos

# "High Society"

# 91 Deep In My Heart

| • **Discos vendidos:** menos de 500.000 | • **Puesto más alto:** 4 | • **Fecha de publicación:** enero de 1955 |

*Deep In My Heart* fue la última de una serie de biografías de Hollywood dedicadas a las vidas de grandes compositores musicales. Entre los anteriores compositores homenajeados antes de esta manera estaban Cole Porter, George Gershwin, Jerome Kern y Richard Rodgers. Por entonces, la figura del compositor de canciones era menos conocida. Sigmund Romberg había compuesto operetas como *The Student Prince* y *The Desert Song* (*El príncipe estudiante* y *La canción del desierto*), que habían sido grandes éxitos en los años 20, pero estaban pasadas de moda en los 50.

Las anteriores biografías solían ser producciones caras que no se ceñían mucho a los hechos. Pero esta vez, el guionista Leonard Spigelglass se mantuvo bastante fiel a la vida de Romberg. Añádase un reparto de primera –José Ferrer, Vic Damone y Rosemary Clooney, entonces casada con Ferrer, entre otros– y el resultado fue una película que se veía como una historia, además de como una secuencia de números musicales.

Las propias canciones funcionaron admirablemente. Se adaptó el libreto de las operetas originales de tal manera que hubo números como «Softly, As In A Morning Sunrise» y «Lover Come Back To Me», que aparecieron como canciones intemporales, contribuyendo a que la banda sonora llegase al puesto cuarto en las listas de 1955.

| | |
|---|---|
| **Sencillo n.º 1:** Ninguno | **Equipo:** |
| | José Ferrer (m. 1992) |
| **Premios Grammy:** | Helen Traubel |
| Ninguno | Howard Keel |
| | Vic Damone |
| **Compañía discográfica:** | Rosemary Clooney |
| EE.UU.: MGM | (m. 2002) |
| | Ann Miller |
| **Grabado en:** | Jane Powell |
| Dato no disponible | Gene and Fred Kelly |
| | Adolf Deutsch y la |
| **Productor:** | MGM Studio Orchestra |
| Dato no disponible | |

1 Overture
2 Leg Of Mutton Rag
3 Your Land And My Land
4 You Will Remember Vienna
5 It
6 Auf Wiedersehn
7 Serenade
8 Softly, As In A Morning Sunrise
9 Road To Paradise
10 Will You Remember (Sweetheart)
11 Mr And Mrs
12 I Love To Go Swimmin' With Wimmen
13 Lover Come Back To Me
14 Stout Hearted Men
15 When I Grow Too Old To Dream

Duración total del disco: Dato no disponible

# **90** Peter Pan

| • **Discos vendidos:** menos de 500.000 | • **Puesto más alto:** 4 | • **Fecha de publicación:** abril de 1955 |

La banda sonora de la comedia musical *Peter Pan* llegó a las listas a principios de 1955, pisándole los talones a su representación en Broadway. Se suele decir que allí fue un fracaso, habiendo tenido relativamente pocas representaciones (152) pero, de hecho, ya se habían vendido sus derechos a la cadena de televisión NBC. Estaba ya planeado que el musical echase el telón en Broadway tras 19 semanas, para que sus intérpretes pudieran hacer entonces la versión para la televisión.

A largo plazo, fue la versión que hizo la TV que este clásico infantil de J.M. Barrie se convirtiera en la definitiva para toda una generación de norteamericanos. Mary Martin hacía de Peter Pan. El cómico inglés Cyril Ritchard hacía una interpretación memorable del malísimo capitán Garfio. La música era de Moose Charlap y Jule Styne, con canciones interpretadas por Carolyn Leigh, Betty Comden y Adolph Green.

El disco de la banda sonora no se limitaba a reproducir las canciones de la obra, sino que incluía también fragmentos de los diálogos para dar a los oyentes una versión resumida de conjunto. Editada en 1955, la banda sonora de *Peter Pan* alcanzó el cuarto puesto en las listas, estando en ellas durante ocho semanas.

---

**Sencillo n.º 1:** Ninguno

**Premios Grammy:**
Ninguno

**Compañía discográfica:**
EE.UU.: RCA Victor

**Grabado en:**
Nueva York, EE.UU.

**Equipo:**
Mary Martin (m. 1990)
Cyril Ritchard
Kathy Nolan
Robert Harrington

**Productor:**
Dato no disponible

---

1 Overture (3:30)
2 Prologue (1:56)
3 Tender Shepherd (2:00)
4 I've Gotta Crow (3:30)
5 Never Never Land (3:22)
6 I'm Flying (3:51)
7 Pirate Song (0:54)
8 Hook's Tango (1:26)
9 Indians (2:35)
10 Wendy (2:37)
11 Tarantella (0:56)
12 I Won't Grow Up (3:07)
13 Oh, My Mysterious Lady (3:28)
14 Ugg-A-Wugg (3:25)
15 Distant Melody (2:14)
16 Captain Hook's Waltz (2:53)
17 Finale (6:57)

Duración total del disco: 49 minutos

Richard Halliday presents EDWIN LESTER'S PRODUCTION

# MARY MARTIN
as
# PETER PAN

with
# CYRIL RITCHARD
In a New Musical Version of the Play by SIR JAMES M. BARRIE
Production Directed and Staged by
# JEROME ROBBINS

# 89 Wonderful, Wonderful

• **Discos vendidos:** menos de 500.000 • **Puesto más alto:** 4 • **Fecha de publicación:** 1957

*W*onderful, Wonderful fue el segundo LP de Johnny Mathis y resultó un hallazgo en varios aspectos. Su primer disco había sido una grabación de puro jazz, muy bien arreglado por Gil Evans pero, al parecer, demasiado sofisticado para una audiencia masiva. Desde entonces, Mathis se había convertido en un cantante melódico pop, con una serie de sencillos de éxito arreglados por Ray Conniff. Sin embargo, para el nuevo disco, en vez de limitarse a reunir una colección de éxitos, Mitch Miller –el jefe de la discográfica Columbia– tenía un plan más arriesgado.

*Wonderful, Wonderful* fue uno de los primeros discos de canciones pop diseñado para ser oído como un todo. Se trajo al arreglista Percy Faith para convertirlo en una música de jazz, suave y melódica, que Mathis fue interpretando con temas como «That Old Black Magic» y «All Through The Night». El resultado fue un disco perfectamente adecuado para escuchar a altas horas de la noche. No se incluyó ninguno de los sencillos de éxito de Mathis: ni siquiera su *Wonderful, Wonderful* de 1957, que ha dado su nombre a este disco un poco engañosamente.

Hay muchos que todavía piensan que *Wonderful, Wonderful* es el mejor logro de Mathis. Aunque no llegó ni de lejos al éxito comercial de alguno de sus discos posteriores, llegó a estar el cuarto en las listas y consagró a Mathis como un artista de primera fila.

**Sencillo n.º 1:** Ninguno

**Premios Grammy:** Ninguno

**Compañía discográfica:** EE.UU: Columbia; R.U.: Fontana

**Grabado en:** Nueva York, EE.UU.

**Equipo:** Johnny Mathis Percy Faith y su orquesta Ernie Royal Jimmy Abato

**Productor:** Mitch Miller

1 Will I Find My Love Today
2 Looking At You
3 Let Me Love You
4 All Through The Night
5 It Could Happen To You
6 That Old Black Magic
7 Too Close For Comfort
8 In The Wee Small Hours Of The Morning
9 Year After Year
10 Early Autumn
11 You Stepped Out Of A Dream
12 Day In – Day Out

Duración total del disco: Dato no disponible

Johnny Mathis

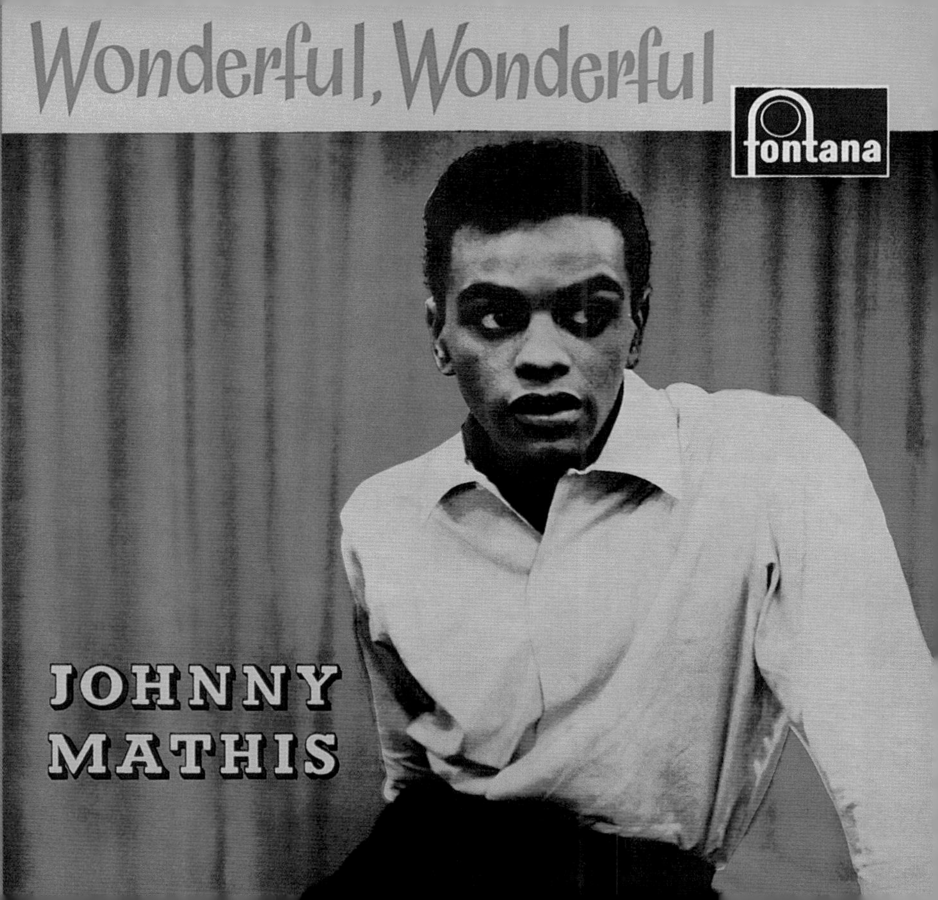
Wonderful, Wonderful
fontana
JOHNNY
MATHIS

# 88 The Late, Late Show

• **Discos vendidos:** menos de 500.000 | • **Puesto más alto:** 4 | • **Fecha de publicación:** febrero de 1958

En los años 50, hubo muy pocos discos de jazz genuino que llegaran a las listas de éxito y menos aún cantados por verdaderos cantantes de jazz. Sólo el eterno Louis Amstrong y la gran Ella Fitzgerald vendían muchos discos en aquella época. Billie Hollyday no llegó nunca a acercarse a las listas y Dinah Washington no tuvo un disco en posición hasta la década de los 70.

De modo que el que una joven discípula de Dinah Washington llamada Dakota Stanton llegase a colocarse entre los diez primeros con su primer disco fue un hecho extraordinario. En parte, se debió a la pujanza de la discográfica Capitol –entonces en su apogeo con Frank Sinatra y Nat King Cole– el que *The Late, Late Show* se convirtiese en un éxito, no sólo en el ámbito del jazz sino también en la radio pop. Y también, en parte, Dakota

Staton se las arregló para reunir una colección de canciones sólidas y bonitas. Respaldada por un conjunto pequeño pero muy bueno, tenía el arte de cantar blues de Dinah Washington junto con una frescura juvenil. Casi todas las canciones son corrientes, aunque la que da título al álbum se ha convertido en un símbolo de Dakota Stanton. Su interpretación de «My Funny Valentine» se considera también extraordinaria.

Editado a últimos de 1957, *The Late, Late Show* llegó a estar en el puesto cuatro, permaneciendo en la lista de éxitos durante casi diez meses.

**Sencillo n.º 1:** Ninguno

**Premios Grammy:** Ninguno

**Compañía discográfica:** EE.UU.: Capitol

**Grabado en:** Hollywood, EE.UU.

**Equipo:**
Dakota Staton (m. 2001)
Hank Jones
Jonah Jones
Van Alexander

**Productor:**
Dave Cavanaugh

1 Broadway (2:50)
2 Trust In Me (2:44)
3 Summertime (2:10)
4 Misty (2:35)
5 Foggy Day (2:18)
6 What Do You See In Her? (2:36)
7 Late Late Show (2:34)
8 My Funny Valentine (2:44)
9 Give Me The Simple Life (2:16)
10 You Showed Me the Way (2:48)
11 Moonray (2:42)
12 Ain't No Use (2:40)

Duración total del disco: 31 minutos

the late,
late show

# DAKOTA
# STATON

# «Mark Twain» And Other Folk Favorites

| • **Discos vendidos:** menos de 500.000 | • **Puesto más alto:** 3 | • **Fecha de publicación:** 1956 |

El primer LP de Harry Belafonte fue una colección de canciones folk, muchas de ellas rastreadas en la Biblioteca del Congreso de los EE.UU. Belafonte había empezado su carrera como cantante pop, pero en este disco se ve claramente que había cambiado de dirección, enamorándose de la música folclórica, no sólo caribeña sino también tradicional de Norteamérica y Europa.

Alguna de las canciones de este disco –como «John Henry» y «Tol'My Captain»– eran de origen afroamericano. Otras eran de las Indias Occidentales, populares o de composición original. Pero había otras, como «The Drummer And The Cook» y «Lord Randall» que se remontaban a las baladas antiguas de la tradición popular británica. Entre las composiciones originales de Belafonte estaba «Man Piaba», una canción de estilo Indias Occi-

dentales compuesta conjuntamente con Jack K. Rollins. Otra original de Harry Belafonte era la que daba título al disco, «Mark Twain», una canción sobre los trabajadores de los barcos fluviales del Mississippi del siglo XIX.

El disco fue bien recibido por la crítica y se vendió bien, llegando hasta el n.º 4 en las listas de éxitos de *Billboard*. Siguió luego en ellas durante seis semanas.

---

**Sencillo n.º 1:** Ninguno

**Premios Grammy:** Ninguno

**Compañía discográfica:** EE.UU.: RCA Victor

**Grabado en:** Nueva York, EE.UU.

**Equipo:**
Harry Belafonte
Millard Thomas

**Productores:**
H. Winterhalter
Henri René
Jack Lewis
Joe Carlton

---

1  Mark Twain  (3:44)
2  Man Piaba  (3:31)
3  John Henry  (3:29)
4  Tol' My Captain  (2:45)
5  Kalenda Rock  (3:23)
6  The Drummer And The Cook  (2:03)
7  The Fox  (2:50)
8  Soldier, Soldier  (1:36)
9  The Next Big River  (0:20)
10 Delia  (2:58)
11 Mo Mary  (2:14)
12 Lord Randall  (4:08)

Duración total del disco: 33 minutos

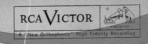

RCA VICTOR
A "New Orthophonic" High Fidelity Recording

Here's the Album that first brought Belafonte
fame and fortune...listen again as he sings

# "MARK TWAIN"
## and other folk favorites
# Harry Belafonte

Mark Twain
Man Piaba
John Henry
Tol' My Captain
Kalenda Rock
The Drummer and the Cook
The Fox
Soldier, Soldier
The Next Big River
Delia
Mo Mary
Lord Randall

LPM-1022

# 86 Where Are You?

**• Discos vendidos:** menos de 500.000 | **• Puesto más alto:** 3 | **• Fecha de publicación:** agosto de 1957

En 1957, *Where Are You?* fue el tercer disco de Frank Sinatra para la Capitol, que seguía a la colección de baladas *Close To You* cantadas con un cuarteto de cuerda y a *A Swingin' Affair*. Este era también una colección de baladas y el primero de los discos de Sinatra para la Capitol que se grabó sin los arreglos de Nelson Riddle. También fue el primer disco de Sinatra grabado en estéreo.

El nuevo arreglista fue Gordon Jenkins; sus frescos arreglos de cuerda y su preferencia por un fondo orquestal grande dieron al disco un estilo más clásico, comparándolo con el aire más de jazz de Riddle. Dicho esto, la elección del material y el ritmo confieren al disco una fuerte sensación de blues, que recuerda a Billie Holiday en su mejor momento. Las propias canciones son casi exclusivamente sentimentales, incluidas «I'm A Fool To

Want You», «Lonely Town» y una preferida por Billie Holiday: «I Cover The Waterfront».

La deliberada melancolía de *Where Are You?* no igualó en absoluto el éxito de su predecesor, *A Swinging' Affair*: quedó un puesto por debajo –el n.º 3–, pero consiguió una más que estimable permanencia de 21 semanas en las listas que bastó para que Sinatra, dos años más tarde, se uniese de nuevo a Jenkins para grabar un disco análogo: *No One Cares*.

**Sencillo n.º 1:** Ninguno

**Premios Grammy:** Ninguno

**Compañía discográfica:** EE.UU. y R.U.: Capitol

**Grabado en:** Hollywood, EE.UU.

**Equipo:** Frank Sinatra (m. 1998) Gordon Jenkins

**Productor:** Voyle Gilmore

1  Where Are You? (3:28)
2  The Night We Called it A Day (3:25)
3  I Cover The Waterfront (2:56)
4  Maybe You'll Be There (3:04)
5  Laura (3:26)
6  Lonely Town (4:12)
7  Autumn Leaves (2:51)
8  I'm A Fool To Want You (4:50)
9  I Think Of You (3:02)
10 Where is The One? (3:10)
11 There's No You (3:46)
12 Baby, Won't You Please Come Home (2:59)

Duración total del disco: 42 minutos

Frank Sinatra

*Where are you?*

WHERE ARE YOU? · THE NIGHT WE
CALLED IT A DAY · I COVER THE
WATERFRONT · MAYBE YOU'LL BE
THERE · LAURA · AUTUMN LEAVES · I'M A
FOOL TO WANT YOU · I THINK OF YOU ·
THERE'S NO YOU · BABY, WON'T YOU
PLEASE COME HOME · ETC.

# FRANK SINATRA

with **GORDON JENKINS** and his orchestra

# 85 Belafonte Sings Of The Caribbean

| • **Discos vendidos:** menos de 500.000 | • **Puesto más alto:** 3 | • **Fecha de publicación:** septiembre de 1957 |

Tras el enorme éxito de su disco *Calypso,* Harry Belafonte siguió presentando más canciones caribeñas en esta grabación. Belafonte era un serio recolector de canciones populares y aquí demuestra sus conocimientos cantando una serie de temas de las islas del Caribe.

Lord Burgess, que había escrito algunos éxitos para Belafonte anteriormente, compuso alguno de los temas. Pero había también una irónica canción –»Love, Love Alone»– que comentaba la abdicación del rey británico Eduardo VII para casarse con la señora Simpson, una divorciada norteamericana. Este tipo de temas, que es parte importante del calypso caribeño, nunca lo había cantado antes Belafonte en disco.

Además de mostrar la gama del calipso, el disco también exhibía la instrumentación acompa-

ñante, con una orquesta dirigida por Robert de Cormier (Bob Corman). Se volvió a emplear un conjunto de jazz pequeño e íntimo de guitarras, contrabajo y batería, junto con marimbas, flauta, clarinetes, trompetas y otros instrumentos de jazz del calipso de las islas. Acompañaba al disco un folleto con las letras de las canciones.

Había una canción de mucho éxito –«Island In The Sun»– que se convirtió en el tema de la película del mismo nombre que protagonizó el propio Harry Belafonte.

**Sencillo n.º 1:** Ninguno

**Premios Grammy:** Ninguno

**Compañía discográfica:** EE.UU.: RCA Victor

**Grabado en:** Nueva York, EE.UU.

**Equipo:**
Harry Belafonte
Bob Corman y su orquesta
Millard Thomas
Franz Casseus
Victor Messer

**Productor:**
Joe Carlton

1 Scratch, Scratch (2:39)
2 Lucy's Door (3:43)
3 Cordelia Brown (2:53)
4 Don't Ever Love Me (2:46)
5 Love, Love Alone (3:19)
6 Cocoanut Woman (3:18)
7 Haiti Cherie (3:18)
8 Judy Drownded (3:28)
9 Island in the Sun (3:21)
10 Angelique (2:40)
11 Lead Man Holler (4:18)

Duración total del disco: 36 minutos

LSP-1505

STEREO
Electronically Reprocessed

# BELAFONTE
## SINGS OF THE
# CARIBBEAN

RCA VICTOR
A "New Orthophonic" High Fidelity Recording

# 84 Pal Joey

• **Discos vendidos:** menos de 500.000 | • **Puesto más alto:** 2 | • **Fecha de publicación:** 1957

La banda sonora de *Pal Joey* es un tanto extraña. Por una parte, se grabó aparte de la película, casi como un disco con Sinatra de vocalista, en el estudio de la Capitol Records en Hollywood, con Nelson Riddle, el arreglista habitual de Sinatra. Por otro lado, aunque Sinatra cantaba media docena de canciones, había también interpretaciones de Jo Ann Greer y Trudy Erwin (canciones dobladas, que en la película parecían cantar Rita Hayworth y Kim Novak). Según parece, este procedimiento funcionó muy bien. *Pal Joey* llegó a estar en el segundo puesto de las listas de EE.UU. y los críticos están de acuerdo en que el disco es una de las mejores bandas sonoras de Sinatra.

La propia película es una versión cinematográfica del musical clásico de Rodgers y Hart, con Sinatra interpretando el papel de Joey Evans, un mujeriego cantante de un club nocturno. Las baladas más conocidas son «I Didn't Know What Time It Was», «My Funny Valentine» y Bewitched»; las dos últimas estaban cantadas por Sinatra mientras que «The Lady Is A Tramp» se adapta también perfectamente a su estilo anterior. La vibrante interpretación de «I Could Write A Book» que aparece en la película, en el disco se transforma en balada. En 1957, esta película dirigida por George Sidney fue seleccionada para el Oscar por la mejor banda sonora.

---

**Sencillo n.º 1:** Ninguno

**Premios Grammy:** Ninguno

**Compañía discográfica:** EE.UU.: Capitol

**Grabado en:** Hollywood, EE.UU.

**Equipo:** Frank Sinatra (m. 1998) Jo Ann Greer Trudy Erwin Nelson Riddle (m. 1985) y otros profesionales

**Productor:** Voyle Gilmore

---

1 **That Terrific Rainbow** (1:43)
2 **I Didn't Know What Time It Was** (2:46)
3 **Do It The Hard Way** (1:55)
4 **Great Big Town** (1:05)
5 **There's A Small Hotel** (2:33)
6 **Zip** (3:03)
7 **I Could Write A Book** (3:52)
8 **Bewitched** (4:26)
9 **The Lady Is A Tramp** (3:13)
10 **Plant You Now, Dig You Later** (1:46)
11 **My Funny Valentine** (2:01)
12 **You Mustn't Kick It Around** (1:38)
13 **Bewitched** (3:38)
14 **Strip Number** (3:24)
15 **Dream Sequence & Finale: What Do I Care For A Dame, Bewitched, I Could Write A Book** (6:01)

Duración total del disco: 43 minutos

from the soundtrack
of the Columbia Picture

Rodgers and Hart's

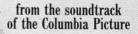

An Essex-George Sidney Production

# 83 A Swingin' Affair

| • **Discos vendidos:** menos de 500.000 | • **Puesto más alto:** 2 | • **Fecha de publicación:** 1957 |

A principios de 1957, cuando Frank Sinatra grabó *A Singing' Affair*, su carrera ya estaba bien asentada en su segunda época. La Capital Records le promocionaba como artista de discos e hizo una serie de grabaciones de gran éxito con Nelson Riddle, su arreglista de tantos años.

*A Swinging' Affair* se concibió, deliberadamente como una segunda parte de un disco enormemente popular del año anterior: *Songs For Swinging' Lovers*. Pero el enfoque musical fue algo distinto. En este segundo disco, se usó más el contrabajo en los arreglos, con lo que la música en general es más atrevida. También Sinatra canta con más descaro. En su mayoría, las canciones eran archiprobadas: clásicos de Cole Porter, George Gershwin y Duke Ellington. La primera canción «Night and Day», la había grabado Sinatra por pri-

mera vez hacía diez años. Entre otros temas clásicos estaban «Nice Work If You Can Get It» y «At Long Last Love».

A pesar de sus posibilidades, *A Swingin' Affair* no llegó a igualar el éxito de *Songs For Swinging' Lovers,* el disco anterior. No obstante, llegó a estar en el n.º 2 de las listas, permaneciendo en ellas durante 36 semanas.

---

**Sencillo n.º 1:** Ninguno

**Premios Grammy:**
Ninguno

**Compañía discográfica:**
EE.UU.: Capitol

**Grabado en:**
Hollywood, EE.UU.

**Equipo:**
Frank Sinatra (m. 1998)
Nelson Riddle

**Productor:**
Voyle Gilmore

---

1  **Night And Day**  (3:58)
2  **I Wish I Were In Love Again**  (2:27)
3  **I Got Plenty O' Nuttin'**  (3:09)
4  **I Guess I'll Have To Change My Plan**  (2:23)
5  **Nice Work If You Can Get It**  (2:20)
6  **Stars Fell On Alabama**  (2:37)
7  **No One Ever Tells You**  (3:23)
8  **I Won't Dance**  (3:21)
9  **Lonesome Road**  (3:53)
10 **At Long Last Love**  (2:23)
11 **You'd Be So Nice To Come Home To**  (2:03)
12 **I Got It Bad And That Ain't Good**  (3:21)
13 **From This Moment On**  (3:50)
14 **If I Had You**  (2:35)
15 **Oh! Look At Me Now**  (2:48)

Duración total del disco: 48 minutos

FRANK SINATRA
Capitol
RECORDS
CAPITOL RECORDS
HIGH FIDELITY
RECORDING
a Swingin' Affair!

# 82 Star Dust

• **Discos vendidos:** menos de 500.000 | • **Puesto más alto:** 2 | • **Fecha de publicación:** 1958

Cuando se editó *Star Dust* (Polvo de Estrellas), en el verano de 1958, Pat Boone era, indiscutiblemente, el mejor cantante pop de EE.UU.: en 1957, se le había elegido como el cantante varón preferido, incluso por delante de Elvis Presley. Las interpretaciones de los éxitos de rock & roll de Boone –enormemente suaves y en su mayoría de canciones de artistas negros, como Little Richard y Fat Domino– estaban en cabeza de las listas de sencillos: de los siete últimos se habían vendido un millón de discos. Sin embargo, como la mayoría de los cantantes de la época orientados a los adolescentes, todavía no había hecho un LP de gran éxito.

*Star Dust* se pensó específicamente para cambiar todo esto. Era prácticamente una colección de baladas: las únicas excepciones eran «Little White Lies» y «St. Luois Blues». Por la interpretación de Boone de este disco se vio claramente que, en el fondo, era un *crooner*, un cantante sentimental.

Casi todas las canciones elegidas eran temas populares, desde «Star Dust» de Hoagy Carmichael a «September Song», la canción de Kurt Weill que cerraba el disco; sin embargo, la mezcolanza está algo salpimentada por sus interpretaciones de «Blueberry Hill» y «Cold, Cold Heart» de Hank Williams.Desde luego, fue una mezcolanza que consiguió ampliar la audiencia de Pat Boone: fue un disco muy vendido, llegando al n.º 2 en las listas con una permanencia en ellas de 32 semanas.

1  Star Dust  (3:17)
2  Blueberry Hill  (2:23)
3  Ebb Tide  (2:44)
4  Little White Lies  (2:01)
5  To Each His Own  (2:37)
6  Cold, Cold Heart  (2:11)
7  Deep Purple  (2:52)
8  Autumn Leaves  (3:00)
9  St. Louis Blues  (2:31)
10  Solitude  (2:58)
11  Anniversary Song  (3:16)
12  Heartaches  (2:12)
13  I'll Walk Alone  (1:57)
14  September Song  (3:03)

Duración total del disco: 37 minutos

**Sencillo n.º 1:** Ninguno

**Premios Grammy:** Ninguno

**Compañía discográfica:** EE.UU.: Dot

**Grabado en:** Hollywood, EE.UU.

**Equipo:** Pat Boone Billy Vaughn (m. 1991)

**Productor:** Dato no disponible

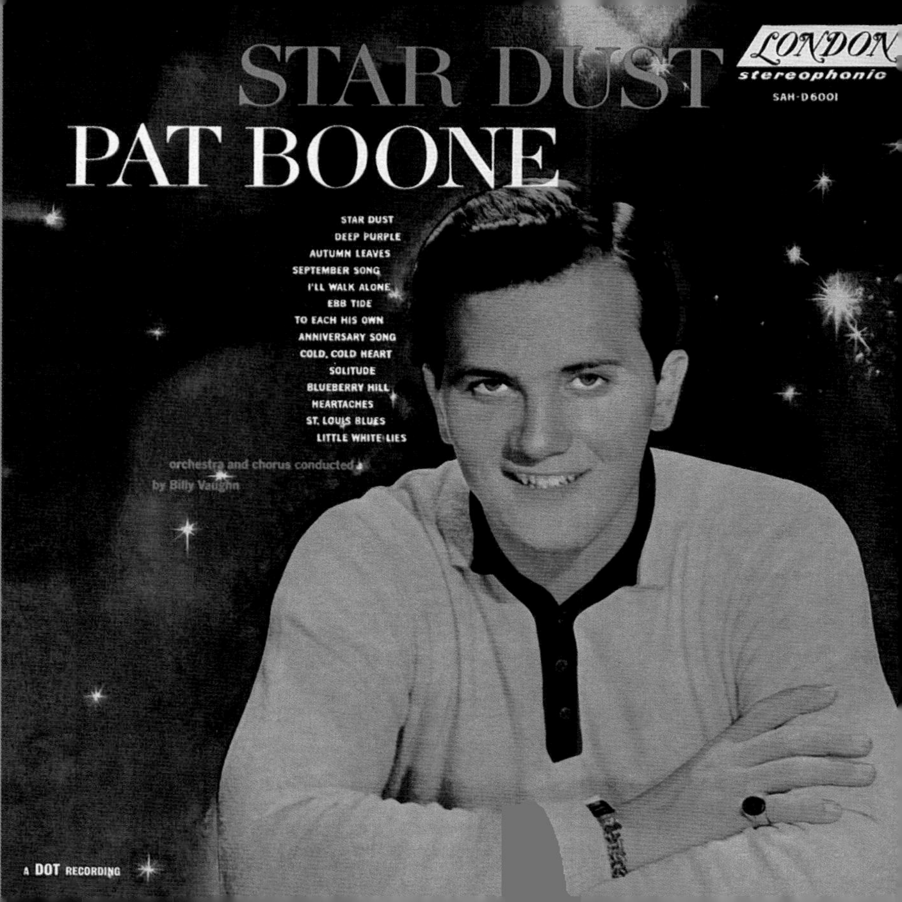
STAR DUST
PAT BOONE
LONDON
stereophonic
SAH-D6001
STAR DUST
DEEP PURPLE
AUTUMN LEAVES
SEPTEMBER SONG
I'LL WALK ALONE
EBB TIDE
TO EACH HIS OWN
ANNIVERSARY SONG
COLD, COLD HEART
SOLITUDE
BLUEBERRY HILL
HEARTACHES
ST. LOUIS BLUES
LITTLE WHITE LIES
orchestra and chorus conducted
by Billy Vaughn
A DOT RECORDING

# 81 Romantic Jazz

| • **Discos vendidos:** menos de 500.000 | • **Puesto más alto:** 2 | • **Fecha de publicación:** 1954 |

Cuando grabó *Romantic Jazz,* en 1954, Jackie Gleason (hoy más recordado por su papel de Minnesota Fats en *The Hustler)* era uno de los grandes nombres en la TV norteamericana, la estrella del programa de moda *The Honeymooners.*

El año anterior había propuesto a la Capitol Records grabar un LP de música romántica para esta discográfica. Se hizo el disco y se convirtió en un sorprendente gran éxito. Gleason –que, prácticamente, no era músico– había dado en el clavo.

La fórmula era muy sencilla: una buena orquesta para interpretar temas románticos. Pero, en vez de dar relieve a la orquesta, se le pidió que tocara un poco en sordina, como música de fondo. El propio Gleason no aparece en los discos, aunque tuvo un papel importante como productor. *Romantic Jazz* fue el cuarto LP de la serie: Gleason, con su arreglista habitual, Pete King, y el gran trompetista

Bobby Hackett, trabajaron con un grupo de canciones de ritmo relativamente rápido, incluyendo las versiones de «Crazy Rhytm» y «The Lady Is A Tramp». Editado un poco antes de que la revista *Billboard* empezase a publicar las listas de discos más vendidos, *Romantic Jazz* acabó entrando en ellas a finales de 1955, en la estela del enorme éxito del disco de Gleason *Lonesome Echo.* Alcanzó el n.º 2 y se mantuvo 11 semanas en las listas.

1 **There'll Be Some Changes Made** (3:06)
2 **How About You?** (3:01)
3 **Crazy Rhythm** (3:12)
4 **The Petite Waltz** (3:12)
5 **Don't Blame Me** (3:16)
6 **You Can't Pull The Wool Over My Eyes** (2:52)
7 **Soon** (3:12)
8 **My Blue Heaven** (3:15)
9 **The Lady Is A Tramp** (3:28)
10 **The Most Beautiful Girl In The World** (3:02)
11 **Who Cares** (3:17)
12 **I've Got My Eyes On You** (2:50)
13 **The Best Things In Life Are Free** (2:34)
14 **I Never Knew** (3:14)
15 **The World Is Waiting For The Sunrise** (2:22)
16 **The Love Nest** (3:34)

Duración total del disco: 49 minutos

---

**Sencillo n.º 1:** Ninguno

**Premios Grammy:**
Ninguno

**Compañía discográfica:**
EE.UU.: Capitol

**Grabado en:**
Dato no disponible

**Equipo:**
Pete King
Bobby Hackett

**Productor:**
Jackie Gleason (m. 1987)

# JACKIE GLEASON
## *plays* ROMANTIC JAZZ

I've Got My Eyes On You • Soon • The Petite Waltz

The World Is Waiting For The Sunrise • The Love Nest • The Lady Is A Tramp

How About You? • There'll Be Some Changes Made • Crazy Rhythm • Don't Blame Me

The Best Things In Life Are Free • My Blue Heaven • I Never Knew • Who Cares?

The Most Beautiful Girl In The World • You Can't Pull The Wool Over My Eyes

# 80 King Creole

• **Discos vendidos:** menos de 500.000 | • **Puesto más alto:** 2 | • **Fecha de publicación:** octubre de 1958

El primer LP original de Elvis Presley salió en 1958, después de su mejor recopilación de éxitos (*Elvis' Golden Records*) y su origen fue de nuevo una película. Esta vez incluía las 11 canciones que Elvis había cantado en la película *King Creole*, ambientada en Nueva Orleans. Tanto la película como el disco se hicieron sabiendo que, nada más terminados, Elvis tenía que ir al servicio militar. Tardaría dos años en volver a grabar, por lo que *King Creole* supone el fin de la primera etapa de la carrera de Elvis Presley.

Como de costumbre, el disco se grabó con la orquesta habitual de Elvis, aunque esta vez reforzada por la orquesta de los estudios Paramount.

Los arreglos fueron mucho más elaborados. Destacan claramente el tema que da título al álbum escrito por los productores del disco, Leiber y Stoller, la balada «As Long As I Have You» y un rock & roll –«Hard Headed Woman»– que editado en sencillo dio a Presley otro n.º 1.

Hay que señalar que, en su formato original, este disco duraba apenas 20 minutos. Esto puede explicar el porqué de que *King Creole* fuese el primer LP original de Elvis que no consiguiese ser n.º 1 o disco de oro. Llegó a estar en el puesto dos, pero superado por Mitch Miller.

**Sencillo n.º 1:** EE.UU.:
«Hard Headed Woman»

**Premios Grammy:**
Ninguno

**Compañía discográfica:**
EE.UU. y R.U.: RCA

**Grabado en:**
Hollywood, EE.UU.

**Equipo:**
Elvis Presley (m. 1977)
Scotty Moore
Bill Black
D.J. Fontana
Dudley Brooks
The Jordanaires
Paramount Studio Orchestra

**Productores:**
Jerry Leiber
Mike Stoller

1  **King Creole** (2:12)
2  **As Long As I Have You** (1:53)
3  **Hard Headed Woman** (1:57)
4  **Trouble** (2:21)
5  **Dixieland Rock** (1:50)
6  **Don`t Ask Me Why** (2:10)
7  **Lover Doll** (2:13)
8  **Crawfish** (1:53)
9  **Young Dreams** (2:26)
10 **Steadfast, Loyal And True** (1:19)
11 **New Orleans** (1:59)

Duración total del disco: 22 minutos

Elvis Presley

33⅓ R.P.M
RD-27088

A "New Orthophonic" High Fidelity Recording

PARAMOUNT PRESENTS

# ELVIS PRESLEY

IN A HAL WALLIS PRODUCTION

# KING CREOLE

# 79 No One Cares

• **Discos vendidos:** menos de 500.000 | • **Puesto más alto:** 2 | • **Fecha de publicación:** 1959 |

*N*o One Cares fue el segundo LP de Sinatra en 1959, después de *Come Dance With Me,* que ganó un premio Grammy. Como este último disco fue, desde luego, un tema de swings, era inevitable que el siguiente fuera un conjunto de baladas. Como el título indica (a nadie le importa), aquí Sinatra está en una decidida soledad amorosa. La portada de la funda lo dice todo: está solo en un bar mientras que varias felices parejas enamoradas bailan alrededor de él (sin duda a la manera de *Come Dance With Me).*

En efecto, *No One Cares* es un disco parejo a *Where Were You,* la recopilación de baladas de 1957: tiene el mismo arreglista –Gordon Jenkins– y los mismos arreglos de cuerda, exuberantes pero melancólicos. Es un disco que, desde luego, está empapado de soledad. Como siempre, la canción

que da título al álbum procede de los compositores favoritos de Sinatra: Cahn y Van Heusen. Entre otros temas clásicos están «Stormy Weather» y «I Don't Stand A Ghost Of A Chance With You», formando un disco que hizo que los críticos comparasen a Sinatra con Billie Holiday en cuanto a la tristeza sofisticada.

*No One Cares* tuvo bastante menos éxito que *Come Dance With Me;* aun así, llegó al segundo puesto en las listas y siguió en ellas 30 semanas, llegando así a la recién iniciada década de los 60.

**Sencillo n.º 1:** Ninguno

**Premios Grammy:** Ninguno

**Compañía discográfica:** EE.UU. y R.U.: Capitol

**Grabado en:** Hollywood, EE.UU.

**Equipo:** Frank Sinatra (m. 1998) Gordon Jenkins (m. 1984)

**Productor:** Dave Cavanaugh

1 **When No One Cares** (2:42)
2 **Cottage For Sale** (3:16)
3 **Stormy Weather** (3:20)
4 **Where Do You Go?** (2:34)
5 **I Don't Stand A Ghost Of A Chance With You** (3:16)
6 **Here's That Rainy Day** (3:34)
7 **I Can't Get Started** (4:01)
8 **Why Try To Change Me Now?** (3:41)
9 **Just Friends** (3:40)
10 **I'll Never Smile Again** (3:46)
11 **None But The Lonely Heart** (3:41)

Duración total del disco: 43 minutos

Frank Sinatra

# 78 The Man With The Golden Arm

| • Discos vendidos: menos de 500.000 | • Puesto más alto: 2 | • Fecha de publicación: 1956 |

Al estrenarse, *The Man With The Golden Arm* conmovió a los espectadores de cine con su honrada descripción de la adicción a la heroína. Basada en una novela de Nelson Algren, el personaje de Frankie Machine –un batería de jazz luchando por apartarse de la droga– fue interpretado por Frank Sinatra. En la película actuaban también Kim Novak, como su sufrida amante y Eleanor Parker, que era su histérica mujer. Una de las mejores cosas de esta desgarradora película, dirigida por Otto Preminger, era la banda sonora de jazz.

Preminger se arriesgó al contratar al compositor Elmer Bernstein para que escribiese la música, que fue seleccionada para un Oscar. Muy influido por el jazz moderno, su enfoque fue innovador. La estructura de la música era insólita y su dinámica hacía referencia al movimiento del be-bop, aunque en un lenguaje más común. En los arreglos, trabajó con Berstein Shorty Rogers, trompetista y director de orquesta, quien también iba a hacerse famoso por llevar el jazz moderno a las bandas sonoras de las películas.

El tema del filme no fue lo único que levantó polémicas: también lo hizo la banda sonora de Bernstein. El disco se vendió bien y no sólo a los aficionados al jazz sino también a la gente común que iba al cine. En 1956, llegó al segundo puesto de la lista de *Billboard* de discos más vendidos.

**Sencillo n.º 1:** Ninguno

**Premios Grammy:** Ninguno

**Compañía discográfica:** EE.UU.: Decca

**Grabado en:** Dato no disponible

**Equipo:**
Elmer Bernstein
Shorty Rogers
Shelly Manne
Pete Candoli
Bob Cooper
Bud Shank
Ray Turner
Milt Bernhart

**Productor:**
Dato no disponible

1 Clarke Street (5:00)
2 Zosh (4:30)
3 Frankie Machine (4:59)
4 The Fix (3:32)
5 Molly (4:58)
6 Breakup (3:45)
7 Sunday Morning (2:51)
8 Desperation (2:50)
9 Audition (2:45)
10 The Cure (5:59)
11 Finale (4:13)

Duración total del disco: 45 minutos

Music from the Sound Track...

DECCA
RECORDS

music by Elmer Bernstein from "The Man With The Golden Arm"

THE
MAN
WITH
THE GOLDEN
ARM

A FILM BY OTTO PREMINGER

DESIGNED BY SAUL BASS

jazz sequences arranged and played by SHORTY ROGERS and His Giants with SHELLY MANNE
courtesy - Atlantic Records          courtesy Contemporary Records

DL 8257

Printed in U.S.A.

# 77 In The Wee Small Hours

| • **Discos vendidos:** menos de 500.000 | • **Puesto más alto:** 2 | • **Fecha de publicación:** 1955 |

**Frank Sinatra**

Este fue el primer disco de 12 pulgadas (30,5 cm) de Sinatra para la Capitol Records, la discográfica que le rescató después de que Mitch Miller le hubiese hecho salir de la Columbia. El disco de 10 pulgadas (25,4 cm) que le precedió –*Songs For Young Lovers*– fue el primer intento de Sinatra de grabar una serie de canciones ligadas temáticamente: el formato mayor de 30,5 cm le permitió plasmar perfectamente la idea.

Con Nelson Riddle, el mejor arreglista de la Capitol, a su lado, Sinatra se puso a crear un ambiente de pura melancolía. Incluso la portada de la funda lo reflejaba, con un dibujo de Sinatra en una calle oscura y fumando un cigarrillo. Las canciones eran un conjunto de temas clásicos, desde el recién compuesto que daba nombre al disco hasta «It Never Entered My Mind», de Rodgers y Hart.

Se dice que este disco fue inspirado por la ruptura de la relación amorosa de Sinatra con Ava Gardner; de cualquier forma, los críticos estuvieron de acuerdo en que nunca se le había oído tan desconsolado. Había también un toque de jazz mucho mayor que en posteriores trabajos de Sinatra, inspirado en parte por Bill Miller al piano.

*In The Wee Small Hours* entró pronto en las nuevas listas de álbumes de la revista *Billboard*. Llegó a estar en el n.º 2 y se mantuvo 33 semanas en las listas.

**Sencillo n.º 1:** Ninguno

**Premios Grammy:** Ninguno

**Compañía discográfica:** EE.UU.: Capitol

**Grabado en:** Hollywood, EE.UU.

**Equipo:** Frank Sinatra (m. 1998) Nelson Riddle

**Productor:** Voyle Gilmore

1 In the Wee Small Hours Of The Morning (3:00)
2 Mood Indigo (3:30)
3 Glad To Be Unhappy (2:35)
4 I Get Along Without You Very Well (3:42)
5 Deep In A Dream (2:49)
6 I See Your Face Before Me (3:24)
7 Can't We Be Friends? (2:48)
8 When Your Lover Has Gone (3:10)
9 What Is This Thing Called Love (2:35)
10 Last Night When We Were Young (3:17)
11 I'll Be Around (2:59)
12 Ill Wind (3:46)
13 It Never Entered My Mind (2:42)
14 Dancing On The Ceiling (2:57)
15 I'll Never Be The Same (3:05)
16 This Love Of Mine (3:33)

Duración total del disco: 49 minutos

FRANK SINATRA

in the **wee small hours**

# The Eddie Duchin Story

| • **Discos vendidos:** menos de 500.000 | • **Puesto más alto:** 1 | • **Fecha de publicación:** 1956 |

En esta película biográfica sobre el pianista y director de orquesta Eddie Duchin actuaron Tyrone Power, Kim Novak, Victoria Shaw y James Whitmore. Contaba la historia de Eddie Duchin, que había entusiasmado a los clientes de cabarets y clubes nocturnos en los años 30 con su forma espectacular de tocar el piano, con trucos como cambiar las manos de lado en mitad de una pieza. A Duchin le llamaban «diez dedos mágicos» y parece que tuvo una vida muy feliz hasta la muerte de Marjorie, su mujer, en un parto.

La película, dirigida por George Sidney, fue una clásica lacrimógena de Hollywood, aunque con mucho estilo. Para muchos críticos, lo mejor fue la banda sonora, interpretada por Carmen Cavallaro, que no aparecía en el filme. Tyrone Power interpretó a Duchin y tuvo que entrenarse mucho para imitar el estilo del pianista. «To Love Again» (basado en el Nocturno en mi bemol de Chopin) y «Man-hattan» eran lo mejor de la banda sonora. En la película, Tyrone Power (doblado por Carmen Cavallaro) toca también una divertida versión de «Chopsticks» con un golfillo filipino que le ayuda a salir de su depresión y le impulsa a interesarse por su propio hijo.

La banda sonora se editó en 1956 y alcanzó el n.º 1 en las listas *Billboard*, permaneciendo en ellas casi dos años (99 semanas en total).

**Sencillo n.º 1:** Ninguno

**Premios Grammy:** Ninguno

**Compañía discográfica:** EE.UU.: Decca

**Grabado en:** Dato no disponible

**Equipo:** Carmen Cavallaro (m. 1989)

**Productor:** Dato no disponible

1  To Love Again
2  Manhattan
3  Shine On Harvest Moon
4  It Must Be True
5  Whispering
6  Dizzy Fingers
7  You´re My Everything
8  Chopsticks
9  On The Sunny Side Of The Street
10  Brazil
11  La Vie En Rose
12  To Love Again

Duración total del disco: 34 minutos

MCA RECORDS
The Sound Track Album
OF MUSIC FROM THE COLUMBIA PICTURE
THE EDDY DUCHIN STORY
featuring
the piano of
CARMEN
CAVALLARO
TYRONE POWER
KIM NOVAK
in THE
EDDY DUCHIN
STORY

# 75 Crazy Otto

• **Discos vendidos:** menos de 500.000 | • **Puesto más alto:** 1 | • **Fecha de publicación:** abril de 1955

Incluso para lo habitual en los años 50, en los que no eran insólitos los éxitos de las novedades, el del primer disco de Crazy Otto fue extraordinario. Crazy Otto era el nombre artístico de Fritz Schulz-Reichel, un músico alemán de jazz que había sido popular en Europa antes y después de la II Guerra Mundial. Schulz-Reichel se especializó en una especie de comedia basada en el piano, no muy distinta de la de Victor Borge, aunque basada en la música popular en vez de en la clásica. En 1953, adoptó el pseudónimo de Crazy Otto, respaldado por un pequeño conjunto de jazz en el que estaba el guitarrista alemán Ladi Geisler.

Otto grabó el disco epónimo *Crazy Otto* para la Deutsche Grammophon alemana, pero su éxito cruzó enseguida el Atlántico y, en 1955, lo editó la Decca norteamericana. «Enganchó» enseguida. La música de Otto no tenía nada de particular. Se limitaba a hacer interpretaciones fáciles de temas familiares en estilo cabaretero o sincopado, con toques de humor gracias a un invento suyo muy original: el «Tipsy Wire Box», un aparato que hacía que cualquier piano, por muy grande que fuera, sonase como el piano desafinado de un cabaretucho o un piano bar.

El primer disco de Crazy Otto recorrió toda la lista de éxitos hasta llegar al n.º 1, en el que se mantuvo dos semanas en la primavera de 1955.

**Sencillo n.º 1:** Ninguno

**Premios Grammy:** Ninguno

**Compañía discográfica:** EE.UU.: Decca

**Grabado en:** Alemania

**Equipo:** Crazy Otto (Fritz Schulz-Reichel) Ladi Geisler

**Productor:** Dato no disponible

1 Glad Rag Doll
2 Beautiful Ohio
3 My Melancholy Baby
4 Red Sails In The Sunset
5 In The Mood
6 Smiles
7 Rose Of Washington Square
8 S-h-i-n-e
9 Paddlin' Madelin' Home
10 Lights Out

Duración total del disco: Dato no disponible

DL 8113

DECCA
RECORDS
HI-FI

CRAZY
OTTO

Glad Rag Doll

Beautiful Ohio

My Melancholy Baby

Red Sails In The Sunset

In the Mood

Smiles

Rose Of Washington Square

S-h-i-n-e

Paddlin' Madelin' Home

Lights Out

Printed in U.S.A.

# Lonesome Echo

| • **Discos vendidos:** menos de 500.000 | • **Puesto más alto:** 1 | • **Fecha de publicación:** 1955 |

A pesar de que al actor Jackie Gleason no se le podía considerar en absoluto un músico, en los años 50 su serie de discos de música ambiental eran, en cierto modo, más sofisticados que los de sus rivales más cercanos, que eran las interpretaciones facilonas de Mantovani y su orquesta. La sofisticación de Gleason era de concepto tanto como musical. Entendía que la función de la música fácil de oír era crear un ambiente, sin distraer al oyente con arreglos complicados o demasiado espectaculares.

La portada de la funda la diseñó especialmente el gran pintor surrealista español Salvador Dalí (un hecho que ha hecho de este disco un objeto de colección desde siempre). El propio grabado sigue la fórmula de Gleason para la música romántica: una orquesta suena quedamente mientras que el gran trompetista y cornetista Bobby Hackett toca una melodía distante. Las canciones que eligió Gleason esta vez –desde «Speak Low» a «The Thrill Gone»– tienen un sentimiento melancólico un poco más reflexivo que el de sus otros discos aunque, como siempre, lo que predomina es el ambiente en general más que los temas.

*Lonesome Echo* fue el primer LP de Gleason en colocarse en el n.º 1: se mantuvo dos semanas en este puesto y 22 semanas en las listas.

**Sencillo n.º 1:** Ninguno

**Premios Grammy:**
Ninguno

**Compañía discográfica:**
EE.UU.: Capitol

**Grabado en:**
Dato no disponible

**Equipo:**
Pete King
Bobby Hackett

**Productor:**
Jackie Gleason (m. 1987)

1  There Must Be A Way  (2:58)
2  Mad About The Boy  (3:18)
3  Come Rain Or Come Shine  (3:15)
4  Deep Purple  (3:20)
5  Someday I'll Find You  (2:38)
6  The Thrill Is Gone  (3:15)
7  How Deep Is The Ocean  (3:34)
8  Speak Low  (3:45)
9  Garden In The Rain  (3:21)
10  Remember  (2:42)
11  I Still Get A Thrill  (3:07)
12  Dancing On The Ceiling  (2:53)

Duración total del disco: 38 minutos

Jackie Gleason presents

LONESOME ECHO

Diseño de portada de Salvador Dalí

Collectors Choice® MUSIC

Dalí
1955

# 73 Ricky

• **Discos vendidos:** menos de 500.000 | • **Puesto más alto:** 1 | • **Fecha de publicación:** octubre de 1957

El primer LP de Ricky Nelson fue uno de los pocos discos de rock & roll en convertirse en un éxito importante: era este un mercado dominado por los sencillos. Pero Nelson tenía bastantes ventajas para poder vender discos.

Nelson actuaba semanalmente en la televisión, representándose a sí mismo en un show enormemente popular: *Ozzy and Harriet*, un «reality» basado en la vida real de su propia familia. El público norteamericano había visto crecer a Ricky, pasando de chico agudo y chistoso a adolescente sentimental; cuando empezó a cantar fue un inmediato exitazo, con sus discos tocándose mucho en el show.

Aunque parezca sorprendente, Ricky Nelson siguió hasta ser algo más que una novedad. Amaba de verdad la música nueva, tenía una orquesta magnífica en la que estaba James Burton, el futuro colaborador de Elvis Presley y muy buen oído para las buenas canciones. El primer sencillo incluido en el disco –«Be-Bop Baby»– era un trozo eficazmente refrenado de pop roquero. Añadiendo a la coctelera un par de canciones de roqueros duros (como Carl Perkins y Jerry Lee Lewis) más un puñado de baladas populares antiguas, el resultado fue un disco que hacía «potable» el rock & roll, aunque no blando. Ricky fue a parar directamente al n.º 1 de las listas y estuvo en él dos semanas.

**Sencillo n.º 1:** Ninguno

**Premios Grammy:** Ninguno

**Compañía discográfica:** EE.UU.: Imperial

**Grabado en:** Los Ángeles, EE.UU.

**Equipo:**
Ricky Nelson (m. 1985)
James Burton
Joe Maphis
James Kirkland
Richie Frost

**Productor:**
Dato no disponible

1 Honeycomb (2:54)
2 Boppin' The Blues (1:56)
3 Be-Bop Baby (2:01)
4 Have I Told You Lately That I Love You (1:58)
5 Teenage Doll (1:48)
6 If You Can't Rock Me (1:53)
7 Whole Lotta Shakin' Goin' On (2:11)
8 Baby I'm Sorry (2:21)
9 Am I Blue (1:39)
10 I'm Confessin' (2:16)
11 Your True Love (1:58)
12 True Love (2:17)

Duración total del disco: 24 minutos

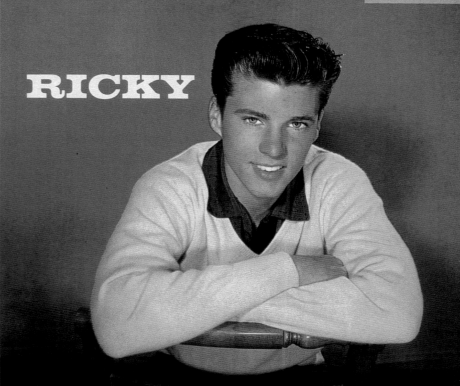

# Come Fly With Me

| • **Discos vendidos:** menos de 500.000 | • **Puesto más alto:** 1 | • **Fecha de publicación:** 1958 |

*C*ome Fly With Me es uno de los discos clásicos de Sinatra con la Capitol favoritos del público. Fue el primero de sus discos de ritmo rápido que se grabó sin la ayuda del gran arreglista Nelson Riddle. En lugar de Riddle, Sinatra trabajó con Billy May, un antiguo arreglista de Glen Miller que había dirigido una gran orquesta de los estudios Capitol en los primeros años 50.

Los arreglos de May aportaron al disco una atrevida y descarada confianza: era la música de Sinatra divirtiéndose. El excelente primer tema se había encargado especialmente a Cahn/Van Heusen; a partir de ahí, Sinatra lleva al oyente a dar una vuelta al mundo musical: desde la «Isle Of Capri» pasando por «April In Paris» y «London By Night» hasta el «Blue Hawaii». Como indica el último tema «It's Nice To Go Trav'ling»: es bonito viajar con un disco que no es sólo uno de los más alegres de Sinatra, sino también uno de los más variados.

Al público le encantó hacer también el viaje y Come Fly With Me se convirtió en el primer disco n.º 1 de Sinatra. Estuvo cinco semanas en la cúspide y casi un año en las listas. Billy May volvería de nuevo para arreglar Come Dance With Me (1959) y Come Swing With Me (1961); pero aunque estos trabajos posteriores pueden haber tenido más difusión (especialmente el de 1959), nunca volvieron a captar totalmente la alegría descuidada de su colaboración inicial.

**Sencillo n.º 1:** Ninguno

**Premios Grammy:** Ninguno

**Compañía discográfica:** EE.UU.: Capitol

**Grabado en:** Hollywood, EE.UU.

**Equipo:** Frank Sinatra (m. 1998) Billy May

**Productor:** Voyle Gilmore

1  Come Fly With Me  (3:19)
2  Around The World  (3:20)
3  Isle Of Capri  (2:29)
4  Moonlight In Vermont  (3:32)
5  Autumn In New York  (4:37)
6  On The Road To Mandalay  (3:28)
7  Let's Get Away From It All  (2:11)
8  April In Paris  (2:50)
9  London By Night  (3:30)
10  Brazil  (2:55)
11  Blue Hawaii  (2:44)
12  It's Nice To Go Trav'ling  (3:52)

Duración total del disco: 39 minutos

Come fly with me

**FRANK SINATRA**

with **BILLY MAY** and his orchestra

# 71 Exotica

| • **Discos vendidos:** menos de 500.000 | • **Puesto más alto:** 1 | • **Fecha de publicación:** 1959 |

El disco de Martin Denny *Exotica* fue un caso de suerte a la segunda intentona. El director de orquesta hawaiano Denny, en principio, había grabado *Exotica* en 1956 en lo que la Liberty Records llamaba, grandilocuentemente, «Spectra-Sonic» Mono. No tuvo mucho éxito. Sin embargo, en 1958 se puso de moda en los EE.UU. la música hawaiana y la Liberty decidió resucitar el disco. De modo que volvió a enviar a Denny a los estudios para volver a grabar el disco en estéreo.

Fue una medida inteligente. La instrumentación de Denny estaba llena de efectos de sonido como imitaciones de trinos de pájaros y la nueva tecnología estereofónica los realzaba mucho. Esta segunda vez, el disco llegó hasta el primer puesto, donde permaneció durante cinco semanas; no cabe duda de que contribuyeron a ello su lujosa funda en la que figuraba la modelo Sandy Warner («la chica exótica») y el exitoso tema «Quiet Village», que llegó al n.º 2 en las listas *Billboard* de sencillos.

La música de Martin Denny se basaba en un cuarteto, con él mismo al piano, Arthur Lyman en el vibráfono (sustituido por Julius Wechter en la versión estereofónica) Augie Colon en percusión (y trinos de pájaros) y John Kramer en el contrabajo. Sus temas (incluido «Quiet Village») los tomó, en buena parte, de la obra de Les Baxter, el rey de la música ambiental exótica.

**Sencillo n.º 1:** Ninguno

**Premios Grammy:** Ninguno

**Compañía discográfica:** EE.UU.: Liberty

**Grabado en:** Los Ángeles, EE.UU.

**Equipo:**
Martin Denny
Julius Wechter
Augie Colon
John Kramer
Harvey Ragsdale

**Productores:**
Si Waronker

1 **Quiet Village** (3:39)
2 **Return To Paradise** (2:19)
3 **Hong Kong Blues** (2:15)
4 **Busy Port** (2:50)
5 **Lotus Land** (2:22)
6 **Similau** (1:57)
7 **Stone God** (3:07)
8 **Jungle Flower** (1:46)
9 **China Nights** (2:01)
10 **Ah Me Furi** (2:08)
11 **Waipo** (3:11)
12 **Love Dance** (2:29)

Duración total del disco: 29 minutos

THE SOUNDS OF **Martin Denny**

*LIB*

EXOTICA

PRINTED IN U.S.A.

LRP

# 70 Starring Sammy Davis Jr.

| • **Discos vendidos:** menos de 500.000 | • **Puesto más alto:** 1 | • **Fecha de publicación:** abril de 1955 |

1954 había sido un punto de inflexión en la carrera de Sammy Davis Jr.: después de 25 años de pisar las tablas, había conseguido llegar a lo máximo en el mundo del cabaret. Había sido el primer artista negro en tocar en el Copacabana de Nueva York –ayudado por su amigo Frank Sinatra– y por entonces fue el primer negro en actuar en una de las principales salas de Las Vegas. Davies había tenido un terrible accidente de coche en el que perdió un ojo. En vez de acabar con su carrera, el accidente provocó una reacción nacional de simpatía. La Decca decidió capitalizarla editando su primer LP. *Starring Sammy Davis Jr.* era una mezcolanza de temas grabados antes y después del choque. Su edición vino precedida por la de un sencillo –«Birth Of The Blues»– que tuvo más resonancia debido al accidente de Davis, lo mismo que ocurrió con otros temas como «Lonesome Road» y «Stan'Up An'Fight».

Empujado por la corriente de simpatía, el disco de Davis fue un éxito instantáneo, llegando al n.º 1 donde se mantuvo seis semanas.

**Sencillo n.º 1:** Ninguno

**Premios Grammy:** Ninguno

**Compañía discográfica:** EE.UU.: Decca; R.U.: Brunswick

**Grabado en:** Nueva York y Los Ángeles, EE.UU.

**Equipo:** Sammy Davis Jr. (m. 1990) Sy Oliver Orchestra Morty Stevens' Orchestra

**Productor:** Dato no disponible

1  Lonesome Road
2  Hey There
3  And This Is My Beloved
4  September Song
5  Easy To Love
6  Glad To Be Unhappy
7  Stan' Up An' Fight
8  My Funny Valentine
9  Spoken For
10 The Birth Of The Blues

Duración total del disco: Dato no disponible

Brunswick
RECORDS

LAT 8153

Starring Sammy Davis Jr.

# 69 Tchaikovsky: Piano Concerto n.º 1

| • **Discos vendidos:** menos de 500.000 | • **Puesto más alto:** 1 | • **Fecha de publicación:** 1958 |

La grabación de Van Cliburn del Concierto para piano n.º 1 de Tchaikovsky no es sólo una notable reproducción de un concierto clásico sino un trozo de historia por derecho propio. Indiscutiblemente, Van Cliburn fue el intérprete de música clásica más célebre de la época moderna, famoso por su técnica impecable y una sensibilidad romántica sin igual.

En abril de 1958, Cliburn –un joven tejano alto y guapo– fue el representante de EE.UU. en el primer Concurso Internacional de Piano «Tchaikovsky», celebrado en Moscú en el apogeo de la Guerra Fría. La actuación del antiguo niño-prodigio Cliburn fue tan sensacional que el público ruso empezó a corear: «primer premio, primer premio». Al principio, el jurado tenía miedo de dar un premio

tan prestigioso a un norteamericano; pidieron su aquiescencia al propio Kruschev y Van Cliburn se llevó, con todos los honores, el primer premio.

Al volver a su país, Cliburn se convirtió de repente en un héroe nacional. Desfiló por Nueva York entre serpentinas y confeti: fue el único músico clásico en recibir tal honor. Dio un concierto en el Carnegie Hall –con las entradas agotadas– ante una audiencia extasiada; más tarde, fue a un estudio para grabar esta pieza en un LP para la RCA.

El disco se encaramó directamente al n.º 1 y siguió en él durante siete semanas, siendo el único de música clásica en muchos hogares norteamericanos de los años 50. Van Cliburn se convirtió, durante algún tiempo, en una estrella a la altura de cualquier ídolo de música pop.

**Sencillo n.º 1:** Ninguno

**Premios Grammy:**
Mejor Interpretación
Instrumental Clásica

**Compañía discográfica:**
EE.UU.: RCA Victor

**Grabado en:**
Dato no disponible

**Equipo:**
Van Cliburn
Kiril Kondrashin
Symphony Of The Air
  Orchestra

**Productor:**
John Pfeiffer

1  Concerto 1 – Allegro Non Troppo E Molto Maestoso
   (20:41)
2  Concerto 1 – Andantino Simplice  (7:01)
3  Concerto 1 – Allegro Con Fuoco  (6:44)

Duración total del disco: 34 minutos

Van Cliburn

TCHAIKOVSKY CONCERTO No. 1
VAN CLIBURN
KIRIL KONDRASHIN, Conductor

RCA VICTOR
LM-2252
RED SEAL
A "New Orthophonic" High Fidelity Recording

© RCA Printed in U.S.A.

Diseño de portada de N. Rakhmanoc de Sovfoto

# 68 Around The World In 80 Days

| • **Discos vendidos:** menos de 500.000 | • **Puesto más alto:** 1 | • **Fecha de publicación:** abril de 1957 |

La banda sonora de esta popular película se editó en 1957 y consiguió el primer puesto en las listas *Billboard*. En *La vuelta al mundo en 80 días* actuaban David Niven, Cantinflas, Robert Newton y Shirley MacLaine; había sido un gran éxito de taquilla, pero era insólito que una banda sonora instrumental de este tipo se vendiese tan bien.

La música era de Victor Young, una figura musical muy conocida en el mundo del cine. Young, que trabajó en más de 300 películas de Hollywood, puso su enorme experiencia y capacidad como director, arreglista, compositor y violinista al servicio del proyecto, con unos resultados extraordinarios.

La película trataba de un inglés victoriano –Phileas Fogg– que apostaba toda su fortuna a que podía dar la vuelta al mundo en 80 días. Viajaba con Passepartout, su mayordomo, y la pareja corría muchas divertidas aventuras durante el viaje. El guión se basaba en una novela de Julio Verne. Bue-

na parte de la música –como «Entrance Of The Bull March», «India Countryside» y «The Pagoda Of Pillagi»– tenían un gusto exótico que Young compuso con su olfato habitual.

Este disco de la banda sonora fue tan popular que permaneció en las listas de la revista *Billboard* durante un tiempo asombroso: 88 semanas. Young recibió un Oscar de la Academia por la música de la película.

| **Sencillo n.º 1:** Ninguno | **Compañía discográfica:** EE.UU.: Decca; R.U.: Brunswick |
|---|---|
| **Premios Grammy:** Ninguno | |
| **Grabado en:** Dato no disponible | **Equipo:** Victor Young |
| | **Productor:** Dato no disponible |

1  **Around The World (Part I)** (3:01)
2  **Passepartout** (3:21)
3  **Paris Arrival** (2:47)
4  **Sky Symphony** (4:30)
5  **Entrance Of The Bull March** (2:34)
7  **India Countryside** (3:53)
8  **Around The World (Part II)** (1:04)
9  **The Pagoda of Pillagi** (4:00)
10 **Temple Of Dawn** (2:15)
11 **Prairie Sail Girl** (1:47)
12 **Land Ho** (6:56)
13 **Epilogue** (6:22)

Duración total del disco: 42 minutos

Michael
Todd's

AROUND THE WORLD IN 80 DAYS

LONG 33⅓ PLAYING

*Brunswick*
RECORDS

LAT 8185

# 67 Gigi

| • Discos vendidos: menos de 500.000 | • Puesto más alto: 1 | • Fecha de publicación: junio de 1958 |

La película musical *Gigi* –con Leslie Caron, Maurice Chevalier, Louis Jourdan y Hermione Gingold– fue el primer gran éxito (nacido de la asociación de Alan Jay Lerner y Frederick Loewe) desde la inmensamente popular *My Fair Lady*.

Basado en una novela de Colette, la historia de Gigi era la de una parisina ingenua que es instruida para ser cortesana y se convierte en una bella y elegante jovencita. La película tenía dos canciones soberbias: «Thank Heaven For Little Girls», interpretada por Maurice Chevalier y la ingeniosa «I Remember It Well», cantada a dúo por Hermione Gingold y el mismo Chevalier. Los dos números se convirtieron después en habituales en el repertorio de Chevalier. La voz de Gigi –que en la película era la de Leslie Caron– en el disco estuvo doblada en su mayor parte por Betty Wand, aunque Leslie Caron sí cantó algunos trozos de «The Night They Invented Champagne».

André Previn dirigió la orquesta de la MGM Studio; fue muy aplaudido por su trabajo en la banda sonora, que ganó el premio Grammy a la mejor banda sonora. El disco *Gigi* se colocó el n.º 1 en las listas *Billboard* y se mantuvo en ellas durante el resto del año 1959, llegando a un total de 78 semanas.

**Sencillo n.º 1:** Ninguno

**Premios Grammy:**
Mejor Disco de Banda Sonora

**Compañía discográfica:**
EE.UU.: MGM

**Grabado en:**
Dato no disponible

**Equipo:**
Maurice Chevalier (m. 1972)
Leslie Caron
Betty Wand
Louis Jordan
Hermione Gingold
John Abbott
André Previn

**Productor:**
Dato no disponible

1 Overture (Orchestra) (1:59)
2 Honore's Soliloquy (2:36)
3 Thank Heaven For Little Girls (2:43)
4 It's A Bore (3:19)
5 The Parisians (3:13)
6 The Waltz At The Ice Rink (2:24)
7 The Gossips (2:21)
8 She Is Not Thinking Of Me (2:26)
9 It's A Bore (0:55)
10 Gaston Celebrates (Orchestra) (2:17)
11 The Night They Invented Champagne (2:15)
12 Weekend At Trouville (Orchestra) (2:30)
13 I Remember It Well (2:24)
14 About Gigi (4:48)
15 Gaston's Soliloquy (2:53)
16 Gigi (3:53)
17 I'm Glad I'm Not Young Any More (3:15)
18 Say A Prayer For Me Tonight (2:58)

Duración total del disco: 49 minutos

Original Cast Sound Track Album

Lyrics by
Music by
M-G-M presents Alan Jay Lerner - Frederick Loewe
An Arthur Freed Production

GiGi

| • **Discos vendidos:** menos de 500.000 | • **Puesto más alto:** 1 | • **Fecha de publicación:** junio de 1955 |

La actriz y cantante Doris Day estaba en el apogeo de su fama cuando grabó *Love Me Or Leave Me,* la banda sonora de su película del mismo nombre. Esta era un musical basado en la vida de Ruth Etting, una cantante pop de éxito de los años 20 y 30, que había grabado animadas versiones influidas por el jazz de canciones como «You Made Me Love You» de McCarthy y Monaco y, por supuesto, del tema «Love Me o Leave Me» de Kahn y Donaldson.

Doris Day no se parecía físicamente (ni cantando) a Ruth Etting pero –lo mismo que ocurrió después con Diana Ross interpretando a Billie Holiday en *Lady Sings The Blues*– esto era en buena parte una ventaja, porque así el público no se veía obligado a hacer una comparación directa entre las cantantes.

El hecho es que las canciones eran ideales para el estilo de Doris Day (no hay que olvidar que, antes de ser actriz, había sido cantante de jazz). Hubo algunos críticos que dijeron que la recreación de los estilos musicales de los años 20 por parte del arreglista Percy Faith era a veces opresiva, pero ninguno pudo criticar la fina exuberancia de la interpretación de Doris Day. Ni tampoco el público. *Love Me Or Leave Me* fue derecha al primer puesto de las listas en el verano de 1955 y se mantuvo en ellas durante un tiempo notable: 17 semanas.

**Sencillo n.º 1:** Ninguno

**Premios Grammy:** Ninguno

**Compañía discográfica:** EE.UU.: Columbia

**Grabado en:** Dato no disponible

**Equipo:**
Doris Day
James Cagney (m. 1986)
Percy Faith (m. 1976)
Audrey Young
Peter Leeds
Harry Bellaver

**Productor:**
Dato no disponible

1  Overture (1:34)
2  It All Depends On You (2:02)
3  You Made Me Love You (I Didn't Want to Do It) (2:29)
4  Stay On The Right Side, Sister (1:00)
5  Everybody Loves My Baby (1:11)
6  Mean To Me (2:12)
7  Sam, The Old Accordion Man (2:06)
8  Shaking The Blues Away (3:30)
9  (What Can I Say) After I Say I'm Sorry?/I Cried for You/My Blue Heaven (4:13)
10 I'll Never Stop Loving You (1:55)
11 Never Look Back (2:26)
12 At Sundown (1:31)
13 Love Me Or Leave Me (2:14)
14 Finale (0:19)

Duración total del disco: 29 minutos

ACS 8773
ELECTRONICALLY RE-CHANNELED FOR STEREO
FROM THE SOUND TRACK
"LOVE ME OR LEAVE ME"
COLUMBIA
LP
DORIS DAY
M-G-M
PRESENTS
IN
CINEMASCOPE
DORIS DAY
JAMES CAGNEY
IN
LOVE ME OR LEAVE ME
CO-STARRING CAMERON MITCHELL
WITH ROBERT KEITH * TOM TULLY
SCREEN PLAY BY DANIEL FUCHS AND ISOBEL LENNART
STORY BY DANIEL FUCHS PHOTOGRAPHED IN EASTMAN COLOR
DIRECTED BY CHARLES VIDOR PRODUCED BY JOE PASTERNAK
A METRO-GOLDWYN-MAYER PICTURE

# 65 Favorites In Hi-Fi

| • **Discos vendidos:** menos de 500.000 | • **Puesto más alto:** 40 | • **Fecha de publicación:** 1958 |

Jeannette MacDonald y Nelson Eddy se hicieron famosos durante mucho tiempo como intérpretes de películas de la MGM rodadas a finales de los 30 y principios de los 40. La última de ellas –«I Married An Angel»– se estrenó en 1942. En 1956, la pareja se reunió para un programa especial de televisión: llevaban 14 años sin cantar juntos. La reacción del público ante el programa fue tan abrumadora que la RCA se apresuró a contratarlos para hacer un disco juntos: *Favoritos en Hi-Fi*.

Tanto Jeannette MacDonald como Nelson Eddy eran unos consumados cantantes. Eddy había empezado como cantante de ópera antes de hacer películas, mientras que la MacDonald había ido a Broadway a la ópera, pasando por Hollywood. Para grabar el disco, decidieron evitar las sorpresas. En vez de eso, dieron a una audiencia nostálgica pre-

cisamente lo que esta demandaba: canciones ligeras de ópera como «Giannina Mia» y «Ah, Sweet Mystery Of Life». Desgraciadamente, este fue el único disco que salió de su breve reencuentro. Poco después, Jeannette MacDonald tuvo que dejar de cantar por una dolencia grave de corazón; murió en 1965, dos años antes que su compañero musical.

A pesar de no haber estado en las listas más que una semana, *Favorites in Hi-Fi* se vendió muy bien, valiéndoles al final a los dos un disco de oro.

**Sencillo n.º 1:** Ninguno

**Premios Grammy:** Ninguno

**Compañía discográfica:** EE.UU.: RCA

**Grabado en:** Nueva York y Hollywood, EE.UU.

**Equipo:**
Nelson Eddy (m. 1967)
Jeanette MacDonald (m. 1965)
Lehman Engel
Dave Rose

**Productores:**
Simon Rady
Ed Welker

1 Will You Remember
2 Rosalie
3 Giannina Mia
4 Rose-Marie
5 Italian Street Song
6 Indian Love Call
7 Ah, Sweet Mystery Of Life
8 The Breeze And I
9 While My Lady Sleeps
10 Wanting You
11 Stouthearted Men
12 Beyond The Blue Horizon

Duración total del disco: Dato no disponible

RCA VICTOR
LPM-1738
"New Orthophonic" High Fidelity Recording

# JEANETTE MACDONALD & NELSON EDDY FAVORITES IN HI-FI

**Will You Remember** (Sweetheart) (Duet)

**Rosalie** (Nelson Eddy)

**Giannina Mia** (Jeanette MacDonald)

**Rose-Marie** (Nelson Eddy)

**Italian Street Song** (Jeanette MacDonald)

**Indian Love Call** (Duet)

**Ah, Sweet Mystery of Life** (Duet)

**The Breeze and I** (Jeanette MacDonald)

**While My Lady Sleeps** (Nelson Eddy)

**Wanting You** (Duet)

**Stouthearted Men** (Nelson Eddy)

**Beyond the Blue Horizon** (Jeanette MacDonald)

Photo—Herb Ball

® RCA. Printed in U.S.A. 99

# 64 Christmas With Conniff

| • **Discos vendidos:** menos de 500.000 | • **Puesto más alto:** 14 | • **Fecha de publicación:** 1959 |

Dado el entusiasmo de los norteamericanos de los años 50 por los discos navideños, seguramente era inevitable que, antes o después, saliera el LP *Christmas With Conniff*. Este disco es una de las grabaciones descaradamente comerciales de Conniff. Sus primeros discos que entraron en las listas –como *'S Wonderful, 'S Marvelous* y, especialmente, *Concert in Rhytm* tenían arreglos complejos y sofisticados con vocalizaciones sin palabras sustituyendo al vocalista tradicional. Pero, para el disco de Navidad, Conniff se acerca más al estilo «Sing along» dominado por Mitch Miller, su antiguo jefe de la Columbia Records.

Como consecuencia, la grabación fue una selección corriente de canciones navideñas seculares como «Winter Wonderland», «Jingle Bells» y la menos conocida «Christmas Bride» cantada con fácil seguridad por los Ray Conniff Singers que, esta vez, cantaron todas las letras y no vocalizaron sin ellas más que en las breves pausas instrumentales.

Por supuesto, *Christmas With Conniff* resultó un éxito duradero aunque lo raro es que no fue inmediato. En su primera edición de 1959 sólo llegó al n.º 14, pero siguió estando en las listas en los siguientes diez años antes de conseguir su mejor puesto (el n.º 7) en 1969: para entonces, ya había ganado fácilmente un disco de oro.

1 Here Comes Santa Claus (2:25)
2 Winter Wonderland (2:39)
3 Rudolph, The Red-Nosed Reindeer (2:13)
4 Christmas Bride (2:53)
5 Sleigh Ride (2:31)
6 Greensleeves (2:29)
7 Jingle Bells (2:46)
8 Silver Bells (2:30)
9 Frosty, The Snowman (2:21)
10 White Christmas (2:49)
11 Santa Claus Is Comin' To Town (2:29)
12 The Christmas Song (2:48)

Duración total del disco: 33 minutos

| **Sencillo n.º 1:** Ninguno | **Grabado en:** Dato no disponible |
|---|---|
| **Premios Grammy:** Ninguno | **Equipo:** Ray Conniff (m. 2002) Ray Conniff Singers |
| **Compañía discográfica:** EE.UU.: Columbia; R.U.: Philips | **Productor:** Dato no disponible |

PHILIPS

*Christmas with Conniff*

THE RAY CONNIFF SINGERS

THE CHRISTMAS SONG · JINGLE BELLS · WINTER WONDERLAND · SANTA CLAUS IS COMIN' TO TOWN · WHITE CHRISTMAS · SLEIGH RIDE · FROSTY THE SNOWMAN · SILVER BELLS · RUDOLPH THE RED-NOSED REINDEER · HERE COMES SANTA CLAUS · GREENSLEEVES · CHRISTMAS BRIDE

**PHILIPS**

# Music For The Love Hours

| • Discos vendidos: 500.000 | • Puesto más alto: 13 | • Fecha de publicación: 1956 |

*Music For The Love Hours* fue el disco de más éxito de la serie de grabaciones *hit* hechas por el actor Jackie Gleason entre 1953 y 1957. Seguía la fórmula establecida por el primer disco de la serie –*Music For Lovers Only*– aunque esta vez el título explica mejor que nunca por qué el público compraba con avidez sus discos. Era una música muy simple destinada a proporcionar un fondo para la seducción.

El propio Gleason resumió claramente su idea para hacer los discos: «Siempre que he visto a Clark Gable hacer una escena de amor en una película, he oído este tipo de bonita música, tan romántica, sonar detrás de él y ayudarle a crear el ambiente. Por eso, creo que si Clark Gable necesita esta amable ayuda, un chico de pueblo tiene que morirse por tener algo parecido». Para ello, reunió una orquesta bajo la dirección de Pete King y la

puso a trabajar grabando un conjunto de temas románticos, incluyendo las versiones de «Serenade in Blue» y «Just A Memory».

En *Music For The Love*, Gleason aplicó su fórmula muy bien, hasta el punto de hacerle ganar su único disco de oro.

**Sencillo n.º 1:** Ninguno

**Premios Grammy:** Ninguno

**Compañía discográfica:** EE.UU.: Capitol

**Grabado en:** Dato no disponible

**Equipo:**
Pete King
Bobby Hackett

**Productor:**
Jackie Gleason (m. 1987)

1  Darn That Dream
2  Poor Butterfly
3  Serenade In Blue
4  How Did She Look?
5  Moonlight Becomes
6  Just One More Chance
7  I Love You Much TooMuch
8  Hold Me
9  Get Out Of Town
10 Our Love
11 Just A Memory
12 If I Could Be With You
13 Ghost Of A Chance
14 I've Got You Under My Skin
15 Lover Come Back To Me
16 The House Is Haunted

Duración total del disco: dato no disponible

JACKIE GLEASON presents

music for

*the Love Hours*

# 62 Folk Songs Sing Along With Mitch

| • Discos vendidos: 500.000 | • Puesto más alto: 11 | • Fecha de publicación: 1959 |

En el verano de 1959, cuando se editó *Folk Songs Sing Along With Mitch,* la serie Sing Along, ideada por Mitch Miller, director discográfico de la Columbia, estaba a punto de convertirse en una institución nacional americana.

Pero hasta una fórmula ganadora tiene que cambiarse de vez en cuando y Miller, en su doble papel de artista y directivo de la discográfica, estaba muy atento a los cambios de moda en la música. Se estaba poniendo de moda la música popular (folk) por lo que, para este quinto disco, Mitch Miller And The Gang decidieron dar una batida para buscar clásicos tradicionales. Tras haber enviado grupos de búsqueda por todo el país, las canciones que trajeron estaban muy orientadas hacia el tipo de canciones que suelen cantar los niños pequeños: desde «Oh Susanna» hasta «Pop Goes The Weasel». Como consecuencia, *Folk Songs*

*Sing Along* resultó la selección más centrada en los niños hasta la fecha.

Es posible que este cambio desconcertase un poco a los oyentes de *Sing Along,* ya que el disco sólo llegó al n.º 11 en las listas. Pero se vio que el público se acostumbró enseguida a él, porque siguió en ellas durante 31 semanas y terminó ganando un disco de oro, al igual que todos sus predecesores.

**Sencillo n.º 1:** Ninguno

**Premios Grammy:**
Ninguno

**Compañía discográfica:**
EE.UU.: Columbia;
R.U.: Philips

**Grabado en:**
Nueva York, EE.UU.

**Equipo:**
Mitch Miller and The Gang

**Productor:**
Mitch Miller

1  My Darling Clementine
2  On Top Of Old Smoky
3  Goodnight Irene
4  Down In The Valley
5  Aunt Rhody
6  Red River Valley
7  Listen To The Mocking Bird
8  When Johnny Comes Marching Home
9  Medley: Pop Goes The Weasel / Skip To My Lou
10 Medley: Oh Susanna / Camptown Races
11 Medley: Billy Boy / The Bear Went Over The Mountain
12 The Blue Tail Fly

Duración total del disco: Dato no disponible

# FOLK SONGS

# SING ALONG WITH MITCH

## MITCH MILLER AND THE GANG

MY DARLING CLEMENTINE · ON TOP OF OLD SMOKY · GOODNIGHT, IRENE · DOWN IN THE VALLEY · AUNT RHODY · RED RIVER VALLEY · LISTEN TO THE MOCKING BIRD · WHEN JOHNNY COMES MARCHING HOME · POP! GOES THE WEASEL · SKIP TO MY LOU · OH, SUSANNA! · CAMPTOWN RACES · BILLY BOY · THE BEAR WENT OVER THE MOUNTAIN · THE BLUE TAIL FLY

PHILIPS

# 61 More Songs Of The Fabulous Fifties

| • **Discos vendidos:** 500.000 | • **Puesto más alto:** 11 | • **Fecha de publicación:** mayo de 1959 |

Roger Williams era un boxeador reconvertido en músico. Su verdadero nombre era Louis Wertz, pero Dave Kapp, el jefe de su discográfica, le rebautizó con el nombre de uno de los padres peregrinos. Era un pianista de música clásica y había tenido un éxito importante con *Songs Of The Fabulous Fifties*. Decidió darle al público más de lo que evidentemente quería y volvió con un segundo disco: *More Songs Of The Fabulous Fifties*.

Lo mismo que antes, las canciones que escogió eran una mezcolanza de temas pop –como «Moonglow», «Young At Heart» y «Unchained Melody»– junto con canciones de musicales recientes como «Tres monedas en la fuente» y el tema de *Picnic*. Estas se complementaban con una levísima incursión en la música country, con una versión del «Tennessee Waltz» de Pee Wee King. Y para asegurarse de que el disco fuera un éxito, Williams lo redondeó con su propia «canción de los fabulosos 50»: «Autumn Leaves», un sencillo que le había proporcionado un n.° 1 en 1955.

*More Songs Of The Fabulous Fifties* no igualó del todo el éxito de su predecesor, alcanzando sólo el n.° 11 durante las 14 semanas de permanencia en las listas *Billboard* cuando se editó, en 1959. Pero demostró ser lo bastante bueno como para ganar, al final, un disco de oro.

1 **Moonglow**
2 **Theme From Picnic**
3 **Unchained Melody**
4 **Tennessee Waltz**
5 **Hey There**
6 **April In Portugal**
7 **My Heart Cries For You**
8 **True Love**
9 **La Vie En Rose**
10 **Three Coins In The Fountain**
11 **Young At Heart**
12 **I Believe**
13 **Autumn Leaves**

Duración total del disco: Dato no disponible

**Sencillo n.° 1:** Ninguno

**Premios Grammy:** Ninguno

**Compañía discográfica:** EE.UU.: Kapp

**Grabado en:** Dato no disponible

**Equipo:** Roger Williams

**Productor:** Dato no disponible

**Roger Williams**

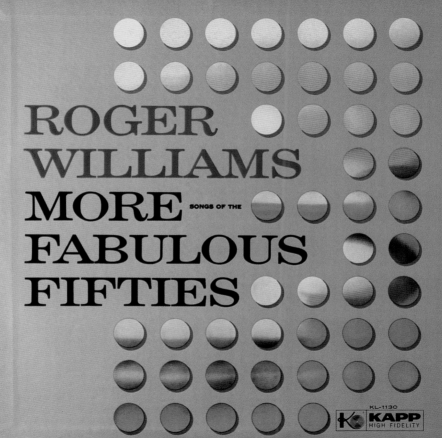

# 60 'S Marvellous

| • **Discos vendidos:** 500.000 | • **Puesto más alto:** 10 | • **Fecha de publicación:** noviembre de 1957 |

Con el álbum *'Marvellous*, el director y arreglista Ray Conniff sentó las bases de la música que iba a ser su marca personal distribuída durante más de 40 años y le iba a permitir vender más de 50.000.000 de discos en todo el mundo durante ese tiempo.

A mediados de los años 50, Ray Conniff era un arreglista más de la Columbia, trabajando a las órdenes del formidable Mitch Miller. Su éxito en los arreglos para Johnny Mathis convenció a Miller para dejarle hacer sus propios discos. El primero de ellos fue *'S. Wonderful*; en él, Conniff mezcló una suave parte rítmica con cuerda y contrabajos como fondo para su particular innovación: un conjunto vocal que cantaba melodías sin letra por encima de aquél. El disco tuvo bastante éxito pero, por razones que sólo él conoce, Conniff decidió que el segundo disco fuese uno de rock & roll ligero instrumental llamado *Dance The Bop*.

Al fracasar este, Ray Conniff hizo enseguida *'S. Marvellous* como continuación de *'S Wonderful*. Este disco tenía la misma mezcolanza de canciones de espectáculos y temas pop, con canciones de compositores como Gershwin, Cole Porter y Richard Rodgers con el número de la gran orquesta de Glenn Miller «Moonlight Serenade» para variar un poco. El resultado fue un disco que superó cómodamente en ventas a su predecesor, manteniéndose 31 semanas en las listas y ganando al final un disco de oro.

**Sencillo n.º 1:** Ninguno

**Premios Grammy:** Ninguno

**Compañía discográfica:** EE.UU.: Columbia

**Grabado en:** Dato no disponible

**Equipo:** Ray Conniff (m. 2002) Ray Conniff Singers

**Productor:** Dato no disponible

1 **The Way You Look Tonight** (3:08)
2 **I Hear A Rhapsody** (2:19)
3 **They Can't Take That Away From Me** (3:04)
4 **Moonlight Serenade** (2:47)
5 **I Love You** (3:29)
6 **I've Told Ev'ry Little Star** (2:53)
7 **You Do Something To Me** (2:39)
8 **As Time Goes By** (2:58)
9 **In The Still Of The Night** (3:02)
10 **Someone To Watch Over Me** (2:58)
11 **Be My Love** (3:10)
12 **Where Or When** (3:19)

Duración total del disco: 36 minutos

# Ray Conniff

**& His Orchestra**

## 's Marvellous

The Way You Look Tonight
I Hear A Rhapsody
They Can't Take That Away From Me
Moonlight Serenade
I Love You
I've Told Ev'ry Little Star
You Do Something To Me
As Time Goes By
In The Still Of The Night
Someone To Watch Over Me
Be My Love
Where Or When

STEREO

# 59 Concert In Rhythm

| • **Discos vendidos:** 500.000 | • **Puesto más alto:** 9 | • **Fecha de publicación:** agosto de 1958 |

Ray Conniff, el veterano de gran orquesta reconvertido en arreglista pop, mostró otra faceta de sus habilidades musicales con su disco de 1958 *Concert In Rhythm*. Esta vez, en vez de tomar canciones pop o temas de musical y arreglarlas para darles cierta profundidad de música clásica, decidió invertir el procedimiento: para este disco eligió temas clásicos y se puso a darles algo del brillo y la calidad pegadiza –sin mencionar el ritmo– de las canciones pop.

Fue una fórmula cada vez más empleada en los años 50 y 60; la 1012 Strings y el trío Jacques Lousier también lo intentaron, aunque Conniff fue sin duda el precursor. Los temas que eligió Conniff fueron principalmente los muy familiares: «Rapsody in Blue», el tema de *El Lago de los cisnes,* «Concierto n.º 2 de Rachmaninoff», etc. Los arreglos de Conniff seguían su ya consolidado estilo: el fondo

lo proporcionaban una batería discreta y un tapiz de cuerdas y metales mientras la línea melódica «sin letra» la llevaban los cantantes de Ray Conniff, a veces reforzados por un solo de piano. Conniff ganó un disco de oro con *Concert In Rhythm.*

1 **Favorite Theme From Tchaikovsky's First Piano Concerto (2:57)**
2 **Favorite Theme From Tchaikovsky's *Swan Lake* Ballet (2:46)**
3 **Favorite Theme From Rachmaninoff's Second Piano Concerto (2:22)**
4 **Favorite Theme From Tchaikovsky's Fifth Symphony (2:46)**
5 **Early Evening (Theme From The Ray Conniff Suite) (2:33)**
6 **Favorite Theme From Tchaikovsky's *Romeo And Juliet* (2:43)**
7 **Rhapsody In Blue (2:56)**
8 **I'm Always Chasing Rainbows (From Chopin's 'Fantasy Impromptu') (2:18)**
9 **The Lamp Is Low (From Ravel's 'Pavane For A Dead Princess') (3:14)**
10 **On The Trail (From Grofe's 'Grand Canyon Suite') (2:47)**
11 **My Reverie (From Debussy's 'Reverie') (2:54)**
12 **Schubert's Serenade (2:31)**

Duración total del disco: 33 minutos

---

**Sencillo n.º 1:** Ninguno

**Premios Grammy:** Ninguno

**Grabado en:** Dato no disponible

**Compañía discográfica:** EE.UU.: Columbia; R.U.: Philips

**Equipo:** Ray Conniff (m. 2002) Ray Conniff Singers

**Productor:** Dato no disponible

**Ray Conniff**

**PHILIPS**

# RAY CONNIFF
and his orchestra and chorus

## CONCERT IN RHYTHM

# 58 Song Hits From Theatreland

• Discos vendidos: 500.000 • Puesto más alto: 8 • Fecha de publicación: 1955

Antes de los Beatles, la exportación musical británica que vendió más discos en los EE.UU. fue, sorprendentemente, Annunzio Paolo Mantovani, un violinista reciclado como director de orquesta, nacido en Venecia, Italia, pero criado en Londres, Inglaterra. Mantovani empezó a grabar discos en los años 30 pero, hasta 1951 con su éxito «Charmaine», no se implantó realmente entre el público americano. Fue la instrumentación obsesiva que realizaba lo que iba a convertirse en la marca de fábrica de Mantovani: la brillante «cascada de cuerdas» orquestada por el arreglista Ronald Binge.

Sin embargo, cuando apareció el LP fue cuando Mantovani se hizo valer realmente. Su primer disco de gran éxito fue esta selección de piezas conocidas de grandes musicales teatrales. Se compone casi totalmente de canciones de amor, desde la clásica «Bewitched» de Rodgers y Hart de los años 30 (de *Pal Joey*) pasando por «Some Enchanted Evening» de Rodgers y Hammerstein (tomada de *Al Sur del Pacífico*, el gran éxito musical del momento) hasta llegar a «They Say It's Wonderful» de Irving Berlin (de *Annie Get Your Gun*).

*Song Hits From Theatreland* fue un buen éxito aunque no espectacular, llegando hasta un respetable n.º 8; pero al continuar vendiéndose durante años, acabó ganando un disco de oro.

**Sencillo n.º 1:** Ninguno

**Premios Grammy:** Ninguno

**Compañía discográfica:** R.U.: Decca

**Grabado en:** Dato no disponible

**Equipo:** Annunzio Paolo Mantovani (m. 1980)

**Productor:** Dato no disponible

1  If I Loved You
2  Wunderbar
3  I've Never Been In Love Before
4  Bewitched
5  I Talk To The Trees
6  Some Enchanted Evening
7  Out Of My Dreams
8  Strangers In Paradise
9  C'est Magnifique
10  Almost Like Being In Love
11  Hello Young Lovers
12  They Say It's Wonderful

Duración total del disco: Dato no disponible

Mantovani

# MANTOVANI SONG HITS FROM THEATRELAND

DECCA
STEREO-PHONIC
SKL 4037

Guys and Dolls
Paint Your Wag...
Can — Can
Pal Joey · Kismet
Brigadoon
The King and I
Oklahoma
Annie Get Your Gun
South Pacific
Kiss Me Kate
Carousel

# 57 Porgy And Bess

| • Discos vendidos: 500.000 | • Puesto más alto: 8 | • Fecha de publicación: agosto de 1959 |

*Porgy And Bess*, la popular ópera clásica de George Gershwin, se llevó a la pantalla en 1959. Aunque la interpretaban algunos de los mejores actores negros de la época –entre ellos Sidney Poitier como Porgy y Dorothy Dandridge como Bess– tuvo una acogida polémica. Algunos críticos, incluido Gershwin acusaron a su director, Otto Preminger, de haber trivializado la obra. No obstante, la banda sonora, que incluía clásicos tales como «Summertime» y «It Ain't Necessarily So», tuvo aceptación. Alcanzó el n.º 8 en las listas *Billboard* al editarse en 1959 y se mantuvo en ella 47 semanas.

Gershwin había escrito en 1935 la música de la ópera con la ayuda de su hermano Ira –letrista de canciones– y DuBose Heyward, autor de la novela original. La historia trata de la pobre comunidad negra de Catfish Row: Porgy, un tullido, se enamora de Bess, una muchacha hermosa pero drogadicta. El cuento es trágico. Bess rechaza a Porgy y vuela a Nueva York con un traficante de drogas, Sportin' Life, interpretado en la película por Sammy Davis Jr. Este es el fondo para muchas conmovedoras canciones, cantadas en esta versión por Robert McFerrin y Adele Adison, que doblaron las voces de Poitier y Dorothy Dandridge, respectivamente.

| **Sencillo n.º 1:** Ninguno | **Equipo:** |
| --- | --- |
| | Robert McFerrin |
| **Premios Grammy:** Ninguno | Adele Addison |
| | André Previn |
| **Compañía discográfica:** | |
| EE.UU.: Columbia | **Productor:** |
| | Dato no disponible |
| **Grabado en:** | |
| Dato no disponible | |

1 Overture
2 Summertime
3 I Wants To Stay Here
4 My Man's Gone Now
5 I Got Plenty O' Nuttin'
6 Buzzard Song
7 Bess, You Is My Woman Now
8 It Ain't Necessarily So
9 What You Want Wid Bess?
10 Woman Is A Sometime Thing
11 Oh, Doctor Jesus
12 Medley: Here Come de Honey Man/Crab Man/Oh, Dey's So Fresh And Fine
13 There's A Boat Dat'A Leavin' Soon For New York
14 Oh Bess, Oh Where's My Bess?
15 Oh, Lawd, I'm On My Way!

Duración total del disco: Dato no disponible

# 56 Strauss Waltzes

• **Discos vendidos:** 500.000 | • **Puesto más alto:** 7 | • **Fecha de publicación:** 1953

A finales de los años 50, la popularidad de Annunzio Paolo Mantovani (nacido en Italia) había llegado a tal altura que incluso algunos discos que había grabado unos años antes empezaron a aparecer en las listas de álbumes.

Uno de ellos fue una selección de valses de Strauss. En principio, se había grabado para la discográfica Label en 1953. Pero una nueva versión del LP en formato estéreo fue suficiente para situarlo en las listas. Fue un tributo al cuidado que derrochaba Mantovani en el proceso de grabación: muy rara vez una orquesta se había grabado con un sonido tan claro y brillante como el conseguido por Mantovani. Para aquellos primeros afortunados que tenían los nuevos equipos estéreo de alta fidelidad, un disco de Mantovani era casi una compra obligada, aunque no fuera más que para comprobar las posibilidades que ofrecía un equipo de estas características técnicas.

La selección de *Valses de Strauss* de Mantovani ofrece justamente lo que sus oyentes esperaban. Empieza con el «Danubio Azul» y termina con «Du Und Du», de la que es, seguramente, su ópera más conocida: *Die Fleidermaus*. En todos ellos, su orquesta de 40 profesores da muestras de sus vivas y peculiares «cuerdas en cascada».

*Strauss Waltzes* no llegó más que hasta el n.º 7 de las listas, pero se siguió vendiendo bien durante mucho tiempo, el suficiente para que Mantovani se llevase un disco de oro.

1 Blue Danube (3:20)
2 Voices Of Spring, OP 410 (2:57)
3 Roses Of The South (3:13)
4 Emperor Waltz, OP 437 (3:09)
5 A Thousand And One Nights (6:01)
6 Treasure Waltz (From *The Gipsy Baron*) (1:55)
7 Village Swallows (3:14)
8 Wine, Women, And Song, OP 333 (3:09)
9 Acceleration Waltz (3:14)
10 Tales From The Vienna Woods (3:24)
11 Morgenblatter (3:13)
12 Du Und Du (from *Die Fledermaus*) (3:09)

Duración total del disco: 40 minutos

**Sencillo n.º 1:** Ninguno

**Premios Grammy:** Ninguno

**Compañía discográfica:** R.U.: Decca

**Grabado en:** Dato no disponible

**Equipo:** Annunzio Paolo Mantovani (m. 1980)

**Productor:** Dato no disponible

Mantovani

# MANTOVANI
## & his orchestra
### *Strauss Waltzes*

**DECCA**

# 55 Blue Hawaii

• **Discos vendidos:** 500.000 | • **Puesto más alto:** 7 | • **Fecha de publicación:** mayo de 1959

En los últimos años 50, surgió Billy Vaughn como el único director de orquesta capaz de adaptarse a la época del rock & roll. Se especializó en tomar la música familiar de la gran orquesta e injertar en ella las marcas de fábrica del sonido del rock & roll: acentuar el papel de la batería y el saxofón, especialmente el de este último.

La clave de los arreglos que hacía Vaughn era su música de «dos saxofones»: consistía en un saxofón alto tocando la melodía, un segundo saxo alto siguiéndole y tocando una tercera más alta y luego un grupo de cuatro saxos tenores haciendo el contrapunto.

Un año antes de editar *Blue Hawaii*, Billy Vaughn había grabado su primer LP de gran éxito: *Sail Along Silv'ry Moon,* que ganó un disco de oro. Pero, desde entonces, habían bajado sus ventas. Por ello, con *Blue Hawaii* Vaughn quiso hacer algo distinto, dedicando todo un disco a música de ins-

piración hawaiana. La mezcolanza resultante –temas musicales y temas folclóricos– cautivó la imaginación del público y proporcionó a Vaughn uno de los mayores éxitos de su larga carrera. No llegó más que al n.º 7 de las listas de discos más vendidos, pero se mantuvo en ellas casi un año, consiguiendo su segundo disco de oro.

1   The Hawaiian Wedding Song
2   Cocoanut Grove
3   Isle Of Golden Dreams
4   Little Brown Gal
5   Hawaiian Paradise
6   My Little Grass Shack
7   Trade Winds
8   Blue Hawaii
9   Sweet Leilani
10  Hawaiian War Chant
11  Song Of The Islands
12  Beyond The Reef
13  Hawaiian Sunset
14  Aloha Oe

Duración total del disco: Dato no disponible

**Sencillo n.º 1:** Ninguno

**Premios Grammy:**
Ninguno

**Compañía discográfica:**
EE.UU.: Dot

**Grabado en:**
Dato no disponible

**Equipo:**
Billy Vaughn (m. 1991)

**Productor:**
Dato no disponible

Billy Vaughn

# BLUE HAWAII
# BILLY VAUGHN

THE HAWAIIAN WEDDING SONG

COCOANUT GROVE

ISLE OF GOLDEN DREAMS

LITTLE BROWN GAL

HAWAIIAN PARADISE

MY LITTLE GRASS SHACK

TRADE WINDS

BLUE HAWAII

SWEET LEILANI

HAWAIIAN WAR CHANT

SONG OF THE ISLANDS

BEYOND THE REEF

HAWAIIAN SUNSET

ALOHA OE

# 54 Party Sing Along With Mitch

| • **Discos vendidos:** 500.000 | • **Puesto más alto:** 7 | • **Fecha de publicación:** 1959 |

*P*arty Sing Along With Mitch fue la sexta entrega de la serie *Sing Along*. La entrega anterior *(Folk Songs Sing Along)* había tenido un ligero descenso en ventas por lo que el productor –Mitch Miller– volvió a la fórmula de sus primeros álbumes.

Hay en el disco una mezcolanza de canciones de salón, infantiles, números musicales de teatro y una balada tradicional. El único criterio para incluir una canción era que esta resultase familiar a una parte lo más grande posible del público norteamericano: para aquellos que no conociesen las letras, se incluía una hojita con ellas.

Miller se había dado cuenta de que, al final de los años 50 y por lo que se refería al público americano –por lo menos para los que podían permitirse comprar discos LP– se trataba de una época de hogar, familia y valores tradicionales. Sus discos eran el acompañamiento perfecto del «sueño americano».

En este disco, la única innovación fue el aumento en el número de canciones: desde 12 a 16. El resultado fue un LP que llegó al n.º 7 en las listas *Billboard*, se mantuvo en ellas más de un año y proporcionó a Mitch Miller su sexto disco de oro consecutivo.

**Sencillo n.º 1:** Ninguno

**Premios Grammy:** Ninguno

**Compañía discográfica:** Columbia

**Grabado en:** Nueva York, EE.UU.

**Equipo:** Mitch Miller And The Gang

**Productor:** Mitch Miller

1 The Sweetest Story Ever Told
2 I'll Take You Home Again, Kathleen
3 I Love You Truly
4 Home Sweet Home
5 Ramblin' Wreck From Georgia Tech
6 I Wonder Who's Kissing Her Now
7 A Bird In A Gilded Cage
8 In The Shade Of The Old Apple Tree
9 Sweet Rosie O'Grady
10 School Days
11 Medley: My Gal Sal / In The Good Old Summer Time
12 Medley: Harrigan / Wait Till The Sun Shines Nelly
13 Goodnight Ladies
14 Medley: The Sidewalks Of New York / Meet Me Tonight In Dreamland
15 Cuddle Up A Little Closer
16 Oh! What A Pal Was Mary

Duración total del disco: Dato no disponible

# PARTY
## SING ALONG WITH MITCH

(Includes Special Sing-Along Lyric Sheets)

**MITCH MILLER AND THE GANG** THE SWEETEST STORY EVER TOLD
I'LL TAKE YOU HOME AGAIN, KATHLEEN I LOVE YOU TRULY
HOME, SWEET HOME RAMBLIN' WRECK FROM GEORGIA TECH
I WONDER WHO'S KISSING HER NOW A BIRD IN A GILDED CAGE
IN THE SHADE OF THE OLD APPLE TREE SWEET ROSIE O'GRADY
SCHOOL DAYS MY GAL SAL · IN THE GOOD OLD SUMMERTIME
HARRIGAN · WAIT TILL THE SUN SHINES NELLIE GOODNIGHT, LADIES
THE SIDEWALKS OF NEW YORK · MEET ME TONIGHT IN DREAMLAND
CUDDLE UP A LITTLE CLOSER ♥♥♥ OH! WHAT A PAL WAS MARY

CL 1331

**COLUMBIA** LP
GUARANTEED HIGH FIDELITY

# 53 Songs Of The Fabulous Fifties

| • Discos vendidos: 500.000 | • Puesto más alto: 6 | • Fecha de publicación: febrero de 1957 |

Con discos como *Songs Of The Fabulous Fifties,* el pianista Roger Williams (cuyo verdadero nombre era Louis Wertz) se presentaba como el verdadero epítome de la música suave y «facilona». Lo más sorprendente es que había llegado a la música desde el boxeo y un alistamiento en la Marina; después, ganó en un concurso de talentos de la televisión y empezó su carrera con un sencillo que fue un bestseller: «Autumn Leaves».

Grabado en 1957, ya en la última parte de la década, el título *Songs Of The Fabulous Fifties* ya indica un tono optimista y el propio disco confirma esta impresión. Hay en él una gama de canciones de éxito de los años inmediatamente anteriores: desde temas de películas como «High Noon» hasta baladas pop como «Mona Lisa». Hay hasta una canción folk: «Goodnight, Irene». Williams las presenta con su estilo llamativo e influido por la música clásica: se dice que a Williams le expulsaron de su primer conservatorio de música cuando un profesor le oyó tocar «Smoke Gets In Your Eyes».

El resultado fue una selección que colocó el disco de Williams entre los diez primeros; y también su primer disco de oro, ya que se mantuvo en las listas durante más de un año.

**Sencillo n.º 1:** Ninguno

**Premios Grammy:** Ninguno

**Compañía discográfica:**
EE.UU. y R.U.: Kapp

**Grabado en:**
Dato no disponible

**Equipo:**
Roger Williams
Marty Gold
Hal Kranner

**Productor:**
Dato no disponible

1 Blue Tango
2 Vaya Con Dios
3 High Noon
4 Too Young
5 Because Of You
6 Song From Moulin Rouge
7 Mister Sandman
8 Wish You Were Here
9 Mona Lisa
10 Goodnight Irene
11 Secret Love
12 Love Is A Many Splendored Thing

Duración total del disco: Dato no disponible

110

# ROGER WILLIAMS

## songs of THE FABULOUS FIFTIES

KXL-5000

# Swing Softly

| • **Discos vendidos:** 500.000 | • **Puesto más alto:** 6 | • **Fecha de publicación:** 1958 |

El sexto LP de Johnny Mathis no podía haber llegado en mejor momento de su carrera. La ingeniosa política de su productor –Mitch Miller– de mantener aparte sus sencillos y sus LP había sido muy rentable: el álbum de Mathis *Greatest Hits* siguió en las listas hasta bien entrada la década de los 60.

¿Qué hacer después de semejante éxito? Miller decidió dejar a Mathis que variase un poco, como indica el título del disco *(Swing Softly* se presta en inglés a un juego de palabras: «cambiar suavemente»). El arreglista habitual de Mathis –Percy Faith– volvió a colaborar y Mathis y Miller seleccionaron una mezcolanza típica de temas musicales (como «Get To The Church On Time» y «Its De-Lovely») junto con clásicos pop como «You'd

Be So Nice To Came Home To» y «I've Got The World On A String». El resultado fue un LP diseñado a propósito para competir con el gran cantante comercial de swing de la época: Frank Sinatra (al que Miller había echado de la Columbia en 1952).

*Swing Softly* tuvo un éxito inmediato. Estuvo 16 semanas en las listas de los EE.UU., llegó hasta el n.º 6 y se convirtió en el tercer disco de oro de Mathis. Sigue siendo una de sus grabaciones más características.

**Sencillo n.º 1:** Ninguno

**Premios Grammy:** Ninguno

**Compañía discográfica:** EE.UU.: Columbia/Fontana

**Grabado en:** Nueva York, EE.UU.

**Equipo:** Johnny Mathis Percy Faith y su orquesta

**Productor:** Mitch Miller

1  You Hit The Spot  (2:45)
2  It's De-Lovely  (2:53)
3  Get Me To The Church On Time  (2:48)
4  Like Someone In Love  (1:46)
5  You'd Be So Nice To Come Home To  (2:41)
6  Love Walked In  (2:13)
7  This Heart Of Mine  (2:37)
8  To Be In Love  (2:31)
9  Sweet Lorraine  (3:01)
10  Can't Get Out Of This Mood  (2:24)
11  I've Got The World On A String  (3:08)
12  Easy To Say (But So Hard To Do)  (2:43)

Duración total del disco: 31 minutos

full stereo

# JOHNNY MATHIS

ORCHESTRA UNDER
THE DIRECTION
OF PERCY FAITH

*Swing Softly*

# 51 Spirituals

• Discos vendidos: 500.000 | • Puesto más alto: 5 | • Fecha de publicación: abril de 1957

*H*ymns fue el primer LP de Ernie Ford dedicado exclusivamente a temas religiosos y obtuvo un inesperado y extraordinario éxito. Fue uno de los primeros discos de larga duración en vender un millón de copias: descubrió un mercado insospechado para los discos de devoción popular.

No había muchas dudas sobre lo que Tennessee Ernie Ford haría después. Volvió casi inmediatamente al estudio –siempre acompañado de su habitual arreglista Jack Fascinato– y volvió a revolver en su repertorio religioso. Sin embargo, esta vez y como el título indica, decidió grabar una serie de «espirituales» –canciones religiosas de tradición popular– en vez de himnos. El resultado fue otro grandísimo éxito. Ford era un buen barítono e interpretó canciones devotas tan populares como «Take My Hand, Precious Lord» y «Peace In The Valley», acompañado solamente por una guitarra acústica y un coro vocal.

*Spirituals* se encaramó a las listas sólo un mes después que *Hymns* (en los años 50, los programas de producción iban mucho más rápidos que hoy), y aunque no igualó las ventas de este último, llegó a estar en el puesto n.º 5 y se mantuvo en las listas durante 39 semanas.

---

**Sencillo n.º 1:** Ninguno

**Premios Grammy:** Ninguno

**Compañía discográfica:** EE.UU.: Capitol

**Grabado en:** Los Ángeles, EE.UU.

**Equipo:** Tennessee Ernie Ford (m. 1991) Jack Fascinato

**Productor:** Dato no disponible

---

1 Just A Closer Walk With Thee (2:20)
2 I Want To Be Ready (2:31)
3 Take My Hand, Precious Lord (3:16)
4 Stand By Me (3:13)
5 When God Dips His Pen Of Love In My Heart (2:15)
6 Get On Board Little Children (2:47)
7 Noah Found Grace In The Eyes Of The Lord (2:20)
8 Were You There (3:40)
9 Peace In The Valley (3:15)
10 I Know The Lord Laid His Hands On Me (1:45)
11 Wayfaring Pilgrim (2:36)
12 He'll Understand And Say Well Done (2:38)

Duración total del disco: 33 minutos

# TENNESSEE ERNIE FORD
## SPIRITUALS

# 50 Christmas Hymns And Carols

| • **Discos vendidos:** 500.000 | • **Puesto más alto:** 5 | • **Fecha de publicación:** diciembre de 1957 |

En los años 50, los discos navideños constituían una buena parte del mercado de álbumes. Todo el mundo, desde Elvis Presley hasta Ray Conniff, grabó uno. La inmensa mayoría de estos discos tenía el mismo repertorio: media docena de las canciones de Navidad más conocidas junto con otra media de números más «seglares».

Los discos de la Robert Shaw Chorale Christmas –de los que habría varios en diversos años– ofrecían una alternativa más comercial. Este LP de 1957, compuesto de ocho popurrís de tres canciones cada uno, empieza con las canciones más conocidas –«o Little Town Of Bethelem», «Away In A Manger», etc.– pasando enseguida a temas más esotéricos, tomados de la tradición folclórica de los Apalaches, Francia e Inglaterra para encontrar selecciones tan agradablemente poco familiares como el «Shepherd's Carol», «Bring A Torch, Jeannette Isabelle» y «I Sing Of A Maiden».

Todos ellos tienen arreglos corales insólitamente buenos de Robert Shaw y su colaboradora habitual Alice Parker. Al público le entusiasmó esta música de tal manera que el LP llegó a estar en el n.º 5 nada más editarse; después, volvió a las listas de éxitos, año tras año, hasta 1967, consiguiendo de paso un disco de oro.

1 O Come All Ye Faithful/The First Nowell/O Little Town Of Bethlehem
2 O Come O Come Emanuel/ Away In A Manger/Silent Night
3 Joy To The World/It Came Upon A Midnight Clear/Angels We Have Heard On High
4 Christmas Hymn (aka Echo Hymn)/Lo How A Rose E'er Blooming/Hark The Herald Angels Sing
5 God Rest You Merry Gentlemen/My Dancing Day/I Wonder As I Wander
6 Bring A Torch Jeanette Isabelle/Patapan/We Three Kings
7 Coventry Carol/ I Sing Of A Maiden/Shepherd's Carol
8 Go Tell It On The Mountain/Carol Of The Bells/Wassail Song/Deck The Halls

Duración total del disco: Dato no disponible

**Sencillo n.º 1:** Ninguno

**Premios Grammy:** Ninguno

**Compañía discográfica:** EE.UU.: RCA Victor

**Grabado en:** Dato no disponible

**Equipo:** Robert Shaw (m. 1999) Alice Parker

**Productor:** Dato no disponible

A "New Orthophonic" High Fidelity Recording

**ROBERT SHAW** conducts
# CHRISTMAS HYMNS AND CAROLS
The Robert Shaw Chorale    Volume 1

# 49 Sail Along Silv'ry Moon

• **Discos vendidos:** 500.000   • **Puesto más alto:** 5   • **Fecha de publicación:** 1958

Cuando el director de orquesta nacido en Kentucky Billy Vaughn grabó su *Sail Along Silv'ry Moon* ya era una persona muy influyente en el mundo del pop como director musical de la Dot Records, una discográfica especializada en hacer versiones asépticas de éxitos rítmicos y blues con artistas como Pat Boone, Gale Storm o las hermanas Fontane.

Como buen director que era, Vaughn tenía mucho instinto para entrecruzar estilos musicales. Tomaba la música de una gran orquesta e injertaba en ella cierta dinámica de rock & roll, reforzando la batería y, sobre todo, los saxos. Era la receta para una música estimulante y pegadiza que ya le había dado éxito también con los sencillos. Desde luego, la acogida que tuvo el *Silv'ry Moon* estaba influida por el éxito en las listas de sencillos de la canción que da nombre a este disco y de la dinámica

«Raunchy». El resto del LP se redondea con una mezcolanza de lo melódico –como la «Sunrise Serenade»– y lo bailable, como «Sweet Georgia Brown».

*Sail On Silv'ry Moon* alcanzó un quinto puesto en las listas, en las que se mantuvo el tiempo suficiente para ganar un disco de oro, empezando así una serie de 18 álbumes de éxito que llegaron hasta bien entrados los años 60.

**Sencillo n.º 1:** Ninguno

**Premios Grammy:** Ninguno

**Compañía discográfica:** EE.UU.: Dot Records

**Grabado en:** California, EE.UU.

**Equipo:** Billy Vaughn (m. 1991)

**Productor:** Randy Wood

1  **Sail Along Silv'ry Moon** (2:11)
2  **Sunrise Serenade** (1:57)
3  **Sweet Georgia Brown** (2:05)
4  **Sentimental Journey** (2:27)
5  **Until Tomorrow** (2:05)
6  **Jealous** (1:56)
7  **Raunchy** (2:18)
8  **Twilight Time** (2:23)
9  **Sleepy Time Gal** (2:23)
10 **I'm Getting Sentimental Over You** (1:48)
11 **Moon Over Miami** (2:07)
12 **Tumbling Tumbleweeds** (2:03)

Duración total del disco: 26 minutos

**Billy Vaughn**

DLP 3100 *Dot* ULTRA HIGH FIDELITY

# BILLY VAUGHN

## SAIL ALONG SILV'RY MOON

SAIL ALONG SILV'RY MOON
SUNRISE SERENADE
SWEET GEORGIA BROWN
SENTIMENTAL JOURNEY
UNTIL TOMORROW
JEALOUS
RAUNCHY
TWILIGHT TIME
SLEEPY TIME GAL
I'M GETTING SENTIMENTAL OVER YOU
MOON OVER MIAMI
TUMBLING TUMBLEWEEDS

# 48 West Side Story

| • Discos vendidos: 500.000 | • Puesto más alto: 5 | • Fecha de publicación: marzo de 1958 |

*West Side Story* es un hito en el teatro musical de EE.UU. y ha sido ampliamente proclamado como uno de los mejores musicales de todos los tiempos. El talento musical de Leonard Bernstein, junto con la reconocida originalidad de Stephen Sondheim como letrista, crearon esta obra memorable en 1957. El espectáculo se prolongó durante más de 700 representaciones en el Winter Garden Theatre antes de empezar una larga gira.

La historia es una versión musical de la obra de Shakespeare *Romeo y Julieta*. Situada en el lado Oeste de Nueva York, trata de un muchacho polaco nacido en los EE.UU. y una muchacha inmigrante de Puerto Rico que empiezan a enamorarse, pero se ven envueltos en las violentas luchas de las bandas callejeras del entorno. En algunas canciones –como «América»– había un realismo y una dureza nuevas en los musicales de teatro estadounidenses, aunque el espectáculo también ofrecía una gran serie de memorables números románticos como «María», «Tonight» y «I Feel Pretty».

Los cantantes Carol Lawrence y Larry Kert fueron muy elogiados por sus papeles principales en esta histórica producción. En 1958 se editó el LP con la versión original de los intérpretes, que llegó al n.º 5 en una de las listas de discos más vendidos de la revista *Billboard*.

**Sencillo n.º 1:** Ninguno

**Premios Grammy:**
Ninguno

**Compañía discográfica:**
EE.UU.: Columbia

**Grabado en:**
Nueva York, EE.UU.

**Productor:**
Goddard Lieberson

**Equipo:**
Leonard Bernstein
(m. 1990)
Larry Kert (m. 1991)
Carol Lawrence
Chita Rivera
Art Smith
Marilyn Cooper
Eddie Roll
Ronnie Lee
Grover Dale
Mickey Calin
Irwin Costal
y otros profesionales

1  Prologue  (3:50)
2  Jet Song  (2:10)
3  Something's Coming  (2:40)
4  The Dance at the Gym  (3:06)
5  Maria  (2:40)
6  Tonight  (3:53)
7  America  (4:35)
8  Cool  (4:01)
9  One Hand, One Heart  (3:03)
10  Tonight  (3:40)
11  The Rumble  (2:45)
12  I Feel Pretty  (2:50)
13  Somewhere (Ballet)  (7:35)
14  Gee, Officer Krupke!  (4:05)
15  A Boy Like That/I Have A Love  (4:18)
16  Finale  (2:02)

Duración total del disco: 57 minutos

Robert E. Griffith and Harold S. Prince
(By arrangement with Roger L. Stevens)
present A New Musical

# West Side Story

Based on a conception of Jerome Robbins

Book by **ARTHUR LAURENTS**

Music by **LEONARD BERNSTEIN**

Lyrics by **STEPHEN SONDHEIM**

with

CAROL LAWRENCE    LARRY KERT    CHITA RIVERA    ART SMITH

Mickey Calin    Ken Le Roy    Lee Becker    David Winters    Tony Mordente    Eddie Roll    Grover Dale

Entire Production Directed and Choreographed by
**JEROME ROBBINS**

Scenic Production by           Costumes by          Lighting by            Co-Choreographer
OLIVER SMITH              IRENE SHARAFF        JEAN ROSENTHAL        PETER GENNARO

Musical Direction                    Production Associate            Orchestrations by
MAX GOBERMAN                    SYLVIA DRULIE          LEONARD BERNSTEIN with SID RAMIN
                                                          and IRWIN KOSTAL

Produced for records by GODDARD LIEBERSON

COLUMBIA
GUARANTEED HIGH-FIDELITY
MASTERWORKS

LP

# 47 Nearer The Cross

• **Discos vendidos:** 500.000 | • **Puesto más alto:** 5 | • **Fecha de publicación:** marzo de 1958

En el verano de 1958, se vio claramente que la carrera de Tennessee Ernie Ford había cambiado de dirección. El enorme éxito de sus dos discos religiosos –*Hymns* y *Spirituals*– y su «status» por actuar en la cadena de TV considerada la número uno de EE.UU., significaban que su trayectoria original como cantante country y del Oeste estaba tocando a su fin.

Después de la edición de *Spirituals* en 1957, Ford había vuelto a la música «seglar». No fue un fracaso completo –consiguió entrar en los 20 Principales con su sencillo «That's All»– pero ninguno de los LP que editó llegó a entrar en las listas de los más vendidos.

Estaba claro que el público veía en él a un artista principalmente religioso, con lo que, para su siguiente LP, Ford volvió al estudio de la Capitol en Hollywood pertrechado con otra selección de temas espirituales. Con un par de excepciones –»What A Friend We Have In Jesus», «Nearer My God To Thee»– eran generalmente menos conocidos que en los discos anteriores, aunque a los compradores no pareció importarles.

Ayudado por la emisión frecuente de las canciones en el show de televisión, *Nearer The Cross* volvió a llevar a Ford a las listas de discos más vendidos: llegó al puesto n.º 5, se mantuvo en las listas casi un año y acabó siendo disco de oro.

**Sencillo n.º 1:** Ninguno

**Premios Grammy:** Ninguno

**Compañía discográfica:** EE.UU.: Capitol

**Grabado en:** Los Ángeles, EE.UU.

**Equipo:** Tennessee Ernie Ford (m. 1991) Jack Fascinato

**Productor:** Dato no disponible

1 What A Friend We Have In Jesus
2 Jesus, Savior, Pilot Me
3 His Eye Is On The Sparrow
4 Beautiful Isle Of Somewhere
5 Now The Day Is Over
6 Nearer My God To Thee
7 Sweet Peace, The Gift Of God's Love
8 Whispering Hope
9 Lord, I'm Coming Home
10 I Need Thee Every Hour
11 Take Time To Be Holy
12 God Be With You

Duración total del disco: Dato no disponible

# 46 Gems Forever

• **Discos vendidos:** 500.000 │ • **Puesto más alto:** 5 │ • **Fecha de publicación:** septiembre de 1958

Durante los años 50, Mantovani fue, indiscutiblemente, el director favorito de orquesta ligera de los EE.UU. Sus discos se convirtieron en símbolos de música sofisticada fácil de escuchar. Mantovani se tomaba verdadero interés en el proceso de grabación –más que ninguno de sus contemporáneos–, especialmente en la mejor forma de grabar a una orquesta: siempre estaba intentando aprovechar los avances que la nueva tecnología de micrófonos le ofrecía.

Este énfasis en la calidad del sonido es lo que distingue a *Gems Forever* de Mantovani de la mayoría de los discos de la época. En cambio, la selección de las canciones indica que Mantovani jugaba sobre seguro, quizá porque su LP anterior –una selección de tangos– no se había vendido tan bien como esperaba. Sus trabajos más apreciados solían ser los arreglos de temas de musicales populares. En este disco hay toda una serie de canciones muy conocidas que van desde «I Could Have Danced All Night» de Lerner y Loewe (de *My Fair Lady*) a «Summertime» (de *Porgy and Bess*) de George e Ira Gershwin, pasando por «The Nearness Of You», de Hoagy Carmichael. Todos ellos están interpretados por la orquesta de 40 músicos de Mantovani, con sus brillantes efectos de cuerda.

*Gems Forever* entró en las listas *Billboard* en septiembre de 1958. Se mantuvo en ellas más de un año, llegando al puesto n.º 5 y ganando un disco de oro mientras tanto.

---

**Sencillo n.º 1:** Ninguno

**Premios Grammy:** Ninguno

**Compañía discográfica:**
EE.UU.: London

**Grabado en:**
Dato no disponible

**Equipo:**
Mantovani (m. 1980)

**Productor:**
Dato no disponible

---

1  All The Things You Are  (3:20)
2  True Love  (3:10)
3  I Could Have Danced All Night  (3:00)
4  You Keep Coming Back Like A Song  (2:30)
5  A Woman In Love  (2:30)
6  This Nearly Was Mine  (2:40)
7  Summertime  (2:45)
8  Something To Remember You By  (3:20)
9  Love Letters  (3:20)
10 The Nearness Of You  (3:50)
11 An Affair To Remember  (3:20)
12 Hey There!  (3:30)

Duración total del disco: 37 minutos

**Mantovani**

PS 106

# Mantovani

## and his orchestra

All The Things You Are
True Love
I Could Have Danced All Night
You Keep Coming Back Like A Song
A Woman In Love
This Nearly Was Mine
An Affair To Remember
Something To Remember You By
Love Letters
The Nearness Of You
Summertime
Hey There

*Gems Forever...*

# 45 Christmas Carols

**• Discos vendidos:** 500.000 | **• Puesto más alto:** 4 | **• Fecha de publicación:** 1953

No es nada sorprendente que Mantovani, el director de orquesta ligera más popular de su época, produjese un LP de Navidad. Desde luego, durante los años 50, los discos navideños eran un buen negocio, en buena parte porque se los veía como objetos de lujo..., ideales por lo tanto para regalos de Navidad.

La contribución de Mantovani a este género se grabó y editó por primera vez en 1953, antes de que la revista *Billboard* empezase a publicar sus listas de discos más vendidos. Hasta las Navidades de 1957, *Christmas Carols* no terminó por aparecer en las listas. Reapareció al año siguiente en una nueva versión estéreo y tuvo aún más éxito y siguió apareciendo en las listas durante las Navidades varios años más. A pesar de su título, este disco no está dedicado solamente a villancicos. Además de las versiones de «Hark, The Herald Angels Sing» y «The First Noel», están también «White Christmas» –que no es una canción religiosa– y un par de valses de la marca Mantovani.

El público acogió con entusiasmo este disco y *Christmas Carols* llegó al n.º 4 de las listas de ventas en 1957. Al año siguiente llegó al tres y en 1962, en su última aparición en las listas, ya había ganado un disco de oro.

---

**Sencillo n.º 1:** Ninguno

**Premios Grammy:** Ninguno

**Compañía discográfica:**
EE.UU.: London

**Grabado en:**
Dato no disponible

**Equipo:**
Mantovani (m. 1980)

**Productor:**
Dato no disponible

---

1. The First Noel
2. Hark, The Herald Angels Sing
3. God Rest Ye Merry Gentlemen
4. White Christmas
5. Good King Wenceslas
6. O Holy Night
7. Adeste Fideles
8. Joy To The World
9. Silent Night, Holy Night
10. O Tannenbaum
11. Midnight Waltz
12. Nazareth
13. O Little Town of Bethlehem
14. Skaters Waltz

Duración total del disco: Dato no disponible

# MANTOVANI

## Christmas Carols

LL 913

The First Noel
Hark, The Herald Angels Sing
God Rest Ye Merry Gentlemen
White Christmas
Good King Wenceslas
O Holy Night
Adeste Fideles
Joy to the World
Silent Night, Holy Night
O Tannenbaum
Midnight Waltz
Nazareth
O Little Town of Bethlehem
Skaters Waltz

 ffrr

 *LONDON*
LL 913

 ffrr

Long playing microgroove full frequency range recording

# 44 Till

• **Discos vendidos:** 500.000 | • **Puesto más alto:** 4 | • **Fecha de publicación:** febrero de 1958

Este *Till* de Roger Williams contribuyó a definir un estilo concreto de música fácil de escuchar, un estilo dominado por interpretaciones brillantes de piano con un fondo de arreglos de orquesta ligera y que ofrecía una mezcolanza de temas pop y de musicales, con algún tema clásico pegadizo de vez en cuando.

Roger Williams se llamaba Louis Wertz, pero fue rebautizado por el dueño de una casa discográfica como David Kapp. Fue un niño prodigio que estudió en la Julliard School of Music antes e hacerse un nombre en el mundo musical con «Autumn Leaves», un sencillo de 1955 que estuvo un mes en cabeza de las listas. En el LP *Till,* Williams exhibe su indudable habilidad técnica en las versiones de «April Love» y «Jalousie», con una interpretación más contenida en los melancólicos temas «Fascination» y «Tammy». Las dos piezas del disco derivadas de clásicos fueron el «Vals en La menor» de Brahms y «Moonlight Love» (basada en el «Claro de Luna» de Debussy). Ambas estaban entre lo más contenido de su repertorio (incluso modernista).

*Till* fue el LP de mayor éxito de una carrera que ha durado hasta hoy: Williams ha tocado nada menos que para ocho presidentes norteamericanos. Editado a principios de 1958, *Till* llegó al cuarto lugar de las listas y acabó siendo disco de oro.

**Sencillo n.º 1:** Ninguno

**Premios Grammy:** Ninguno

**Compañía discográfica:**
EE.UU.: Kapp

**Grabado en:**
Dato no disponible

**Equipo:**
Roger Williams
Marty Gold

**Productor:**
Dato no disponible

1  Till
2  April Love
3  Arrivederci, Roma
4  Que Sera Sera
5  Jalousie
6  The High And Mighty
7  Fascination
8  Tammy
9  The Sentimental Touch
10 Oh, My Papa
11 Brahms' A Flat Waltz
12 Moonlight Love

Duración total del disco: 36 minutos

**Roger Williams**

K-1081-S

**KAPP** HIGH FIDELITY

A KAPP RECORDING

TILL
APRIL LOVE
TAMMY
FASCINATION
THE HIGH AND THE MIGHTY
QUE SERA, SERA
JALOUSIE
MOONLIGHT LOVE
BRAHMS' WALTZ IN A FLAT
ARRIVIDERCI ROMA
OH, MY PAPA
SENTIMENTAL TOUCH

**TILL/ROGER WILLIAMS**

# 43 More Sing Along With Mitch

| • Discos vendidos: 500.000 | • Puesto más alto: 4 | • Fecha de publicación: 1958 |

Después del éxito del primer LP *Sing Along With Mitch,* era evidente que Mitch Miller, el director de la casa discográfica, no iba a tardar mucho en hacer algo. Y esto fue darle al público más de lo mismo. Así, *Sing Along With Mitch* dio paso a *More Sing Along With Mitch.* Miller volvió al estudio con su conjunto y grabó otra selección de canciones que venían directamente del corazón de los EE.UU.: esta vez incluía verdaderas joyas como «If You Were The Only Girl» y la canción «Whiffenpoof Song». También añadió un popurrí irlandés, como un indicio de la tendencia a la música folclórica que se haría más pronunciada en posteriores discos de la serie.

*More Sing Along With Mitch* contribuyó a consolidar esta serie como el karaoke de su tiempo.

Nunca se trató de implantar un estilo musical: se vio una cuota de mercado y se fue «a por ella». Lo mismo que su predecesor, este también fue disco de oro, aunque sin llegar al n.º 1 en las listas: se quedó en el cuatro. Pero lo más importante es que, junto con el resto de la serie *Sing Along,* dejó una firme impronta en los recuerdos infantiles de millones de norteamericanos.

---

**Sencillo n.º 1:** Ninguno

**Premios Grammy:**
Ninguno

**Compañía discográfica:**
EE.UU.: Columbia

**Grabado en:**
Nueva York, EE.UU.

**Equipo:**
Mitch Miller And The Gang

**Productor:**
Mitch Miller

---

1 **Medley: Pretty Baby/Be My Little Baby Bumble Bee** (3:48)
2 **Medley: Sweet Adeline/Let Me Call You Sweetheart** (3:34)
3 **Moonlight And Roses** (2:42)
4 **If You Were The Only Girl** (3:31)
5 **My Buddy** (3:02)
6 **The Whiffenpoof Song** (3:11)
7 **Carolina In The Morning** (2:54)
8 **Irish Medley: When Irish Eyes Are Smiling/My Wild Irish Rose** (3:37)
9 **Medley: Shine On Harvest Moon/For Me And My Gal** (2:40)
10 **You Tell Me Your Dream, I'll Tell You Mine** (2:39)
11 **There's A Long, Long Trail** (2:09)
12 **In The Evening By The Moonlight** (2:35)

Duración total del disco: 36 minutos

CL 1243

COLUMBIA ⓡ Ⓛⓟ
GUARANTEED HIGH FIDELITY

# MORE SING ALONG WITH MITCH

## MITCH MILLER AND THE GANG

Photographer: Barrett Gallagher

PRETTY BABY · BE MY LITTLE BABY BUMBLE BEE · SWEET ADELINE
LET ME CALL YOU SWEETHEART · MOONLIGHT AND ROSES · IF YOU WERE THE ONLY GIRL
MY BUDDY · THE WHIFFENPOOF SONG · CAROLINA IN THE MORNING
WHEN IRISH EYES ARE SMILING · MY WILD IRISH ROSE
SHINE ON HARVEST MOON · FOR ME AND MY GAL · YOU TELL ME YOUR DREAM,
I'LL TELL YOU MINE · THERE'S A LONG, LONG TRAIL · IN THE EVENING BY THE MOONLIGHT

# 42 Still More Sing Along With Mitch

| • Discos vendidos: 500.000 | • Puesto más alto: 4 | • Fecha de publicación: 1959 |

*Still More Sing Along With Mitch* fue el cuarto disco de la popularísima y duradera serie *Sing Along*. Salió después del LP *Christmas Sing Along*, un éxito que alcanzó el n.º 1 en las listas y su título –levemente irónico– indicaba que, desde luego, la serie había llegado para quedarse.

No se sabe si, a finales de los años 30, cuando Mitch Miller empezó como músico de jazz y tocando el oboe para hacer música clásica ligera, sospechaba que sus mayores éxitos vendrían con vigorosas versiones corales de «A Bicycle Made For Two» o por «Oh, You Beautiful Doll», aunque parece poco probable. Pero Miller no había llegado a ser el director musical de la discográfica Columbia sin tener instinto para el mercado y las selecciones de los discos de la serie *Sing Along* no se hacían en absoluto al azar. Antes de ir al estudio a grabar *Still More Sing Along,* Mitch Miller había investigado intensamente entre grupos de «boy scouts» y «girl scouts», clubes de Rotarios y organizaciones similares, consultando a todos sobre el tipo de canciones que más les gustaban.

Pertrechado con esta información, Miller preparó una selección que iba desde lo descaradamente sentimental hasta lo empedernidamente alegre. El resultado fue otro éxito, otro disco de oro y un LP que se mantuvo en las listas durante 78 semanas, llegando hasta el n.º 4.

**Sencillo n.º 1:** Ninguno

**Premios Grammy:** Ninguno

**Compañía discográfica:** EE.UU.: Columbia

**Grabado en:** Nueva York, EE.UU.

**Equipo:** Mitch Miller And The Gang Jimmy Carroll

**Productor:** Mitch Miller

1 In A Shanty In Old Shanty Town (2:51)
2 Smiles (2:37)
3 I'll Be With You In Apple Blossom Time (2:40)
4 Memories (2:42)
5 When Day Is Done (3:49)
6 Good Night, Sweetheart (2:52)
7 Tip-toe Through The Tulips With Me (2:20)
8 Medley: A Bicycle Built For Two/Put On Your Old Grey Bonnet (2:09)
9 Medley: The Band Played On/Oh! You Beautiful Doll (2:32)
10 Medley: Hinky Dinky Parlez-Vous/She'll Be Comin' Round The Mountain (2:28)
11 Beer Barrel Polka (2:58)
12 Medley: When Your Sweet Sixteen/Silver Threads Among The Gold (3:41)

Duración total del disco: 36 minutos

# 41 Open Fire, Two Guitars

| • Discos vendidos: 500.000 | • Puesto más alto: 4 | • Fecha de publicación: 1959 |

Mitch Miller era el magnate del negocio musical de los años 50 y el hombre que estaba detrás de la carrera de Johnny Mathis. No le gustaba arriesgarse, por lo que es más sorprendente que este octavo disco de Mathis en poco más de dos años fuera tan distinto a los que había hecho antes. En el LP anterior de Mathis –Swing Softly– actuaba una gran orquesta con arreglos de Percy Faith. En cambio Open Fire, Two Guitars era tan simple como indicaba su título. Mathis fue al estudio acompañado, casi exclusivamente, por dos ases de la guitarra: Al Caiola y Tony Mottola. La música se completaba discretamente con un contrabajo sutil (tocado en su mayor parte por Milt Hinton, una leyenda del jazz que se había convertido en el hombre más importante del estudio de la prestigiosa CBS).

Sin embargo, para elegir las canciones, Miller y Mathis se atuvieron a su fórmula habitual: temas de musicales, melodías conocidas y alguna canción original de buen gusto. Entre las mejores está la que da título al disco, una pieza romántica poco característica de Leiber y Stoller, y una delicada versión de «In The Still Of The Night».

El resultado fue un LP que sigue siendo el preferido de los fans de Mathis: se mantuvo en las listas un tiempo notable (74 semanas), llegando hasta el n.° 4 y consiguiendo el disco de oro por el camino.

**Sencillo n.° 1:** Ninguno

**Premios Grammy:** Ninguno

**Compañía discográfica:** EE.UU.: Columbia: R.U.: Fontana

**Grabado en:** Nueva York, EE.UU.

**Equipo:**
Johnny Mathis
Al Caiola
Tony Mottola
Milt Hinton
Frank Carroll

**Productor:**
Mitch Miller

1 Open Fire  (3:52)
2 Bye Bye Blackbird  (4:07)
3 In The Still Of The Night  (2:35)
4 Embraceable You  (3:28)
5 I'll Be Seeing You  (4:26)
6 Tenderly  (2:58)
7 When I Fall In Love  (4:31)
8 I Concentrate On You  (3:16)
9 Please Be Kind  (3:24)
10 You'll Never Know  (4:07)
11 I'm Just A Boy In Love  (2:44)
12 My Funny Valentine  (3:37)

Duración total del disco: 43 minutos

*Open Fire, Two Guitars*

# JOHNNY MATHIS

fontana

Tenderly · Open Fire · I Concentrate on You · In the Still of the Night
I'll Be Seeing You · I'm Just a Boy in Love · You'll Never Know
Please Be Kind · Embraceable You · My Funny Valentine
When I Fall in Love · Bye Bye Blackbird

# 40 Tchaikovsky 1812

| • Discos vendidos: 500.000 | • Puesto más alto: 3 | • Fecha de publicación: marzo de 1959 |

La interpretación del director húngaro Antal Dorati de la «Obertura 1812» de Tchaikovsky es un hito en la grabación de la música clásica. Los años 50 fueron una época de enormes avances en la tecnología de la grabación y la Mercury Records, con su serie Mercury Living Presence –dirigida especialmente a los aficionados a la alta fidelidad– había estado a la vanguardia en estos avances.

Lo predominante de la Mercury en este terreno se debía en buena parte al equipo que formaban el matrimonio Bob Fine-Wilma Cozart Fine. Bob Fine era un inventor que ideó un sistema de tres micrófonos para grabar con una orquesta, y Wilma tenía la complicada tarea de mezclar las grabaciones, reduciendo las tres a las dos del estéreo. La «1812» de Tchaikovsky ofrecía una gran oportunidad de exhibir sus habilidades. Para una mayor verosimilitud, en la grabación llegaron incluso a usar un auténtico cañón del siglo XVIII y un verdadero carillón de una catedral.

El equipo de la Mercury eligió como director a Antal Dorati quien, para entonces, ya era ciudadano norteamericano y trabajaba con la Orquesta Sinfónica de Minneapolis y la Banda de Música de la Universidad de Minnesota. El resultado fue un hito en la grabación de música: un LP que sigue siendo hoy la mejor grabación de la obra. Fue un éxito, tanto entre los amantes de la música clásica como entre los aficionados a la alta definición. Llegó a estar en el tercer lugar de las listas, ganando pronto un disco de oro.

**Sencillo n.º 1:** Ninguno

**Premios Grammy:** Ninguno

**Compañía discográfica:**
EE.UU.: Mercury

**Grabado en:**
Dato no disponible

**Equipo:**
Antal Dorati (m. 1988)
Minneapolis Symphony
Orchestra
University Minnesota Brass
Band

**Productor:**
Wilma Cozart Fine

1   1812 Festival Overture, Op.49
2   Capriccio Italien, Op.45

Duración total del disco: Dato no disponible

# TCHAIKOVSKY

## FESTIVAL OVERTURE, Op. 49
### (ORIGINAL SCORING)

## CAPRICCIO ITALIEN

**ANTAL DORATI**
**Minneapolis Symphony Orchestra**
**University of Minnesota BRASS BAND**
**18TH CENTURY FRENCH BRONZE CANNON**
COURTESY U.S. MILITARY ACADEMY, WEST POINT, NEW YORK

**BELLS of Giant Carillon**
**Spoken Commentary by DEEMS TAYLOR**

© Corporation, 35 E. Wacker Drive, Chicago, Illinois 60601 • Printed in U.S.A.

# 39 ...From The «Hungry i»

| • **Discos vendidos:** 500.000 | • **Puesto más alto:** 2 | • **Fecha de publicación:** enero de 1959 |

El segundo LP del trío Kingston los encontró en una situación verdaderamente insólita. Cuando lo grabaron en directo en un club nocturno de San Francisco, en el verano de 1958, no eran más que un grupo folk más, conocido en clubes y entre los estudiantes. Pero cuando se editó el disco, eran el grupo más en boga del país. El cambio se había producido por el enorme éxito de una canción folclórica, «Tom Dooley», uno de los temas de su primer disco. Repentinamente, el trío se había hecho famoso.

Si el trío Kingston hubiera sabido lo que les esperaba, seguramente este álbum lo habrían grabado mucho mejor. En cambio, quedó conservado para la posteridad el fácil encanto de la actuación en vivo. Las canciones procedían de todo el mundo. Hay una canción de cuna francesa en «Gue, Gue», un calipso de Trinidad en «Zombie Jamboree», una canción folclórica sudafricana en «Wimoweh» y otra de los montes Apalaches en «Shady Grove». Pero, tanto como las propias canciones, era el ritmo en el escenario la que realmente aportaba el peculiar atractivo en directo del trío.

Aunque ninguna de las canciones fue por sí sola un éxito, *From The «Hungry i»* estuvo 47 semanas en las listas de éxitos, llegando al n.º 2 y ganando un disco de oro. El trío Kingston sigue actuando todavía, con el taquillaje agotado y entre el delirio del público, a dondequiera que va. Actualmente se compone del miembro fundador Bob Shane, más George Grove y Bobby Haworth.

**Sencillo n.º 1:** Ninguno

**Premios Grammy:** Ninguno

**Compañía discográfica:** EE.UU.: Capitol

**Grabado en:** San Francisco, EE.UU.

**Equipo:** Bob Shane Nick Reynolds Dave Guard

**Productor:** Voyle Gilmore

1  Tic, Tic  (2:12)
2  Gue, Gue, Gue  (2:52)
3  Dorie  (2:59)
4  South Coast  (4:28)
5  Zombie Jamboree  (3:16)
6  Wimoweh (Mbube)  (2:46)
7  New York Girls  (2:36)
8  They Call The Wind Maria  (4:48)
9  Merry Minuet  (2:26)
10  Shady Grove/Lonesome Traveler  (3:31)
11  When The Saints Go Marching In  (3:43)

Duración total del disco: 36 minutos

# ...from the "Hungry i"

## The Kingston Trio

RECORDED IN LIVE PERFORMANCE

# Belafonte At Carnegie Hall

• **Discos vendidos:** 500.000 | • **Puesto más alto:** 2 | • **Fecha de publicación:** noviembre de 1959

Este disco en directo se tomó de dos actuaciones de Harry Belafonte ante una enorme audiencia, en el Carnegie Hall, en el apogeo de su carrera. Fue un hito en la historia de las grabaciones: fue uno de los primeros discos de música en directo en convertirse en un bestseller y un escaparate del chispeante talento de Belafonte como concertista. El concierto se concentró en tres tipos principales de música: la primera parte se llamó «Moods Of The American Negro», la segunda, «In The Caribbean», y la tercera, «Around the World».

El ambiente espontáneo y tranquilo que creó Belafonte dependió de la dirección musical, muy profesional, del productor Bob Bollard. Respaldando al cantante, había una orquesta de 47 músicos dirigida por Bob Corman, además de un pequeño grupo con dos guitarras, contrabajo y batería.

Empezando con «Cotton Fields», de Leadbelly, Belafonte fue cantando todos sus mejores éxitos, como «The Banana Boat Song (Day-O)» y «Jamaica Farewell». La versión de Belafonte de «Matilda» duraba casi 12 minutos y fue una de las versiones más largas grabadas en directo, con mucha participación de la audiencia: otro aspecto insólito y gratificante de este disco.

Editado en 1959, el disco llegó a estar en segundo lugar en las listas y siguió siendo un bestseller durante tres años más.

---

**Sencillo n.º 1:** Ninguno

**Premios Grammy:**
Mejor Contribución de Ingeniero

**Compañía discográfica:**
EE.UU.: RCA

**Grabado en:**
Nueva York, EE.UU.

**Equipo:**
Harry Belafonte
Bob Corman
y su orquesta

**Productor:**
Bob Bollard

---

1 **Introduction/Darlin' Cora** (3:59)
2 **Sylvie** (4:54)
3 **Cotton Fields** (4:18)
4 **John Henry** (5:11)
5 **Marching Saints** (2:50)
6 **Banana Boat Song (Day-O)** (3:40)
7 **Jamaica Farewell** (5:10)
8 **Mama Look a Boo Boo** (5:24)
9 **Come Back Liza** (3:06)
10 **Man Smart (Woman Smarter)** (4:23)
11 **Hava Nagila** (4:03)
12 **Danny Boy** (5:21)
13 **Cucurrucuca Paloma** (3:50)
14 **Shenandoah** (3:48)
15 **Matilda** (11:27)

Duración total del disco: 71 minutos

**Harry Belafonte**

# BELAFONTE
## AT CARNEGIE HALL

# 37 Songs For Swingin' Lovers!

| • **Discos vendidos:** 500.000 | • **Puesto más alto:** 2 | • **Fecha de publicación:** 1956 |

El primer LP de Sinatra para la Capitol Records de Hollywood –*In The Wee Small Hours*– había relanzado eficazmente su carrera discográfica. Sinatra ya no era el ídolo de las adolescentes de los años 40 y se le presentaba como un cantante sentimental, solitario y desengañado. Habría sido fácil seguir con más de lo mismo, pero Sinatra y Nelson Riddle –su arreglista– tuvieron una idea mejor: decidieron equilibrar el ritmo lento del disco anterior con algo más desafiante y rápido. Sinatra se iba a atener a esta fórmula durante muchos años más.

*Songs For Swingin' Lovers!* fue la plantilla para una serie de discos de Sinatra con un ritmo rápido. La mayoría de las canciones eran temas pop muy conocidos y números musicales de teatro. Riddle estableció un ritmo sólido con sutiles arreglos de cuerda, dejando mucho espacio para que Frank Sinatra pudiese dejar su impronta personal sobre la música.

Desde el primer tema, «You Make Me Feel So Young», pasando por el clásico de Cole Porter «I've Got You Under My Skin», el disco marcó un estilo para los cantantes populares de la época. Fue también un éxito inmediato de público, llegando al n.º 2 en las listas de EE.UU. y manteniéndose en ellas casi un año (50 semanas). Fue el primer LP de Sinatra que ganó un disco de oro.

**Sencillo n.º 1:** Ninguno

**Premios Grammy:** Ninguno

**Compañía discográfica:** EE.UU.: Capitol

**Grabado en:** Hollywood, EE.UU.

**Equipo:** Frank Sinatra (m. 1998) Nelson Riddle

**Productor:** Voyle Gilmore

1  You Make Me Feel So Young  (2:57)
2  It Happened In Monterey  (2:36)
3  You're Getting To Be A Habit With Me  (2:19)
4  You Brought A New Kind Of Love To Me  (2:48)
5  Too Marvelous For Words  (2:29)
6  Old Devil Moon  (3:56)
7  Pennies From Heaven  (2:44)
8  Love Is Here To Stay  (2:42)
9  I've Got You Under My Skin  (3:43)
10 I Thought About You  (2:30)
11 We'll Be Together Again  (4:26)
12 Makin' Whoopee  (3:06)
13 Swingin' Down The Lane  (2:54)
14 Anything Goes  (2:43)
15 How About You?  (2:45)

Duración total del disco: 45 minutos

Frank Sinatra

songs for

swingin' lovers!

YOU MAKE ME FEEL SO YOUNG · IT HAPPENED IN MONTEREY · YOU'RE GETTING TO BE A HABIT WITH ME · YOU BROUGHT A NEW KIND OF LOVE TO ME · TOO MARVELOUS FOR WORDS · OLD DEVIL MOON · PENNIES FROM HEAVEN · LOVE IS HERE TO STAY · I'VE GOT YOU UNDER MY SKIN · I THOUGHT ABOUT YOU · WE'LL BE TOGETHER AGAIN · MAKIN' WHOOPEE · SWINGIN' DOWN THE LANE · ANYTHING GOES · HOW ABOUT YOU ?

# 36 Warm

**• Discos vendidos:** 500.000 | **• Puesto más alto:** 2 | **• Fecha de publicación:** noviembre de 1957

En 1957, la Columbia estaba dirigida por Mitch Miller, el rey de la música fácil, que dio con la fórmula que hizo de Johnny Mathis el artista predominante de los LP de los años 50. *Warm* siguió al disco revelación de Mathis –*Wonderful, Wonderful*–, conservando el mismo arreglista, Percy Faith, además de su orquesta. La música de *Warm* (Cálido) era tan íntima, romántica y suave como su título indica.

Los discos de Mathis tenían algo poco usual para su época: en vez de limitarse a reproducir un par de éxitos con el resto de las canciones de relleno, hacían lo contrario y no llevaban ninguno de sus sencillos famosos. Esta estrategia dio sus frutos más adelante, cuando la primera selección de *Greatest Hits* de Mathis tuvo un enorme éxito de ventas. Los LP de Mathis se concentraban en crear un ambiente fresco y romántico con una sofisticada mezcolanza de temas de musicales, melodías y baladas. En este disco hay piezas de compositores tan conocidos como Irving Berlin («What'll I Do») y Lerner y Loewe («I've Grown Accustomed To Her Face»), además de una serie de temas menos conocidos.

*Warm* se mantuvo en las listas durante un tiempo impresionante: nada menos que 50 semanas, siendo cuatro veces el n.º 2. A Mathis le valió su primer disco de oro.

**Sencillo n.º 1:** Ninguno

**Premios Grammy:** Ninguno

**Compañía discográfica:** EE.UU.: Columbia; R.U.: Fontana

**Grabado en:** Nueva York, EE.UU.

**Equipo:** Johnny Mathis Percy Faith y su orquesta

**Productor:** Mitch Miller Don Law

1 Warm (3:26)
2 My One And Only Love (3:40)
3 Baby, Baby, Baby (3:03)
4 A Handful Of Stars (3:23)
5 By Myself (4:11)
6 I've Grown Accustomed To Her Face (3:32)
7 Then I'll Be Tired Of You (4:10)
8 I'm Glad There Is You (4:07)
9 What'll I Do? (2:58)
10 The Lovely Things You Do (3:21)
11 There Goes My Heart (3:43)
12 While We're Young (2:44)

Duración total del disco: 42 minutos

# JOHNNY MATHIS

## PERCY FAITH AND HIS ORCHESTRA

# WARM

# 35 Come Dance With Me!

| • Discos vendidos: 500.000 | • Puesto más alto: 2 | • Fecha de publicación: 1959 |

Para Frank Sinatra, no había más que una forma de cantar después de su desconsolado disco *Only The Lonely*: un antídoto animado, siguiendo su ya clásica fórmula de alternar discos rápidos y lentos.

*Come Dance With Me* era un disco del estilo de otro éxito rápido del año anterior: «Come Fly With Me». A pesar del valiosísimo trabajo de Nelson Riddle en *Only The Lonely,* para este nuevo LP Sinatra decidió volver a formar equipo con el arreglista Billy May, cuyo estilo trepidante había hecho de *Come Fly With Me* un resonante éxito.

Y, desde luego, May no falló. Este álbum se considera como el conjunto de canciones de Sinatra más vibrante, con una sección de trompas que suena más punzante que nunca. Se acababan de instituir los premios Grammy y el LP ganó el de Mejor Disco del Año; Sinatra recibió un segundo Grammy por la Mejor Interpretación Vocal por su actuación en la pieza de Van Heusen y Cahn que da título al disco. Entre otros éxitos de crítica están sus magníficas versiones de «Just In Time» y la canción «Cheek To Cheek» de Irving Berlin.

*Come Dance With Me* amplió cómodamente la serie de éxitos en LP de Sinatra. Fue n.º 2 de las listas y se mantuvo en ellas exactamente durante un año, ganando mientras tanto el disco de oro.

**Sencillo n.º 1:** Ninguno

**Premios Grammy:**
Mejor Disco del Año; Mejor Interpretación Vocal Masculina por «Come Dane With Me»

**Compañía discográfica:**
EE.UU.: Capitol

**Grabado en:**
Hollywood, EE.UU.

**Equipo:**
Frank Sinatra (m. 1998)
Billy May y su orquesta

**Productor:**
Dave Cavanaugh

1 Come Dance With Me (2:31)
2 Something's Gotta Give (2:38)
3 Just In Time (2:24)
4 Dancing In The Dark (2:26)
5 Too Close For Comfort (2:34)
6 I Could Have Danced All Night (2:40)
7 Saturday Night (1:54)
8 Day In-Day Out (3:25)
9 Cheek To Cheek (3:06)
10 Baubles, Bangles And Beads (2:46)
11 The Song Is You (2:43)
12 The Last Dance (2:11)

Duración total del disco: 32 minutos

Frank Sinatra

146

# FRANK SINATRA

# COME DANCE WITH ME!

with **BILLY MAY**
and his orchestra

# 34 An Evening With Belafonte

| **Discos vendidos:** 500.000 | **Puesto más alto:** 2 | **Fecha de publicación:** marzo de 1957 |

Harry Belafonte, después de presentar un conjunto de canciones caribeñas en su álbum bestseller *Calypso,* volvió a las diversas influencias folk de la época anterior de su carrera. *An Evening With Belafonte* es una selección de canciones de todo el mundo: un ejemplo precoz de la música global de hoy.

El disco comienza con una canción de Haití («Merci, Bon Dieu») y viaja desde Israel («Hava Naguela») hasta Méjico («Cu Cu Ru Cu Cu Paloma»), incorporando canciones de Europa y EE.UU. por el camino. Entre los temas tradicionales, están canciones como «Come O My Love», «Shenandoah» y «Whent The Saints Go Marching In». Hay otras canciones como «Eden Was Just Like This», de Irving Burgie (lord Burgess), que estaban compuestas con

un estilo racial. Belafonte grabó también la conocidísima «Danny Boy», una canción basada en la irlandesa «Londonderry Air».

Aunque Belafonte nunca tendría un éxito tan grande como con «Day O», el mayor éxito del LP volvió a ser del Caribe: la canción navideña «Mary's Boy Child» se convirtió en la canción de la temporada y se vendió especialmente bien en Reino Unido.

Aunque este disco no tuvo tantísimo éxito como *Calypso,* se vendió bien y contribuyó a consolidar la reputación de Belafonte como un artista cosmopolita, capaz de interpretar bien música de diversas culturas. Ya se iba viendo que Harry no estaba tan interesado en canciones aisladas de éxito como en dar lecciones en miniatura de música folclórica global.

**Sencillo n.º 1:** Ninguno

**Premios Grammy:** Ninguno

**Compañía discográfica:** EE.UU. y R.U.: RCA

**Grabado en:** Hollywood, EE.UU.

**Equipo:**
Harry Belafonte
Will Lorin y su orquesta
Millard J. Thomas
Frantz Casseus

**Productores:**
Henri René
Dennis Farnon
EO Welker

1 **Merci, Bon Dieu  (2:49)**
2 **Once Was  (4:45)**
3 **Hava Nageela  (3:13)**
4 **Danny Boy  (5:50)**
5 **The Drummer And The Cook  (3:55)**
6 **Come O My Love  (4:26)**
7 **Shenandoah  (3:45)**
8 **Mary's Boy Child  (4:20)**
9 **Cu Cu Ru Cu Cu Paloma  (5:30)**
10 **Eden Was Just Like This  (2:59)**
11 **When The Saints Go Marching In  (3:39)**

Duración total del disco: 45 minutos

Harry Belafonte

RCA

33⅓ R.P.M
RD 27001

A "New Orthophonic" High Fidelity Recording

An
Evening
with
**Belafonte**

• **Discos vendidos:** 500.000 | • **Puesto más alto:** 1 | • **Fecha de publicación:** 1956

E l LP con la banda sonora de *The King And I (Ana y el rey)* se editó en 1956 y se hizo eco de la enorme popularidad de la película, interpretada por Yul Brinner y Deborah Kerr. En el cine, Yul Brynner cantó sus propias canciones, pero a Deborah Kerr la dobló Marni Nixon, que fue quien dobló también a Audrey Hepburn en *My Fair Lady*.

Ambientada hacia 1860, la historia gira en torno a Ana, una mujer joven que viaja a Bangkok como institutriz para enseñar a los hijos del rey Mongkut y que acaba enamorándose del soberano. La época y el ambiente exóticos dieron lugar a una lujosa producción para la pantalla, con el respaldo musical de una banda sonora interpretada por la gran orquesta del estudio dirigida por Alfred Newmann. Marni Nixon –una de las cantantes más apreciadas de las revistas musicales– hizo unas interpretaciones impresionantes de los números de la protagonista «I Whistle A Happy Tune», «Hello Young Lovers» y «Gotting To Know You»; Deborah Kerr hizo los parlamentos hablados. También se consideró un éxito enorme la versión de Yul Brynner y Marni Nixon de «Shall We Dance?».

**Sencillo n.º 1:** Ninguno

**Premios Grammy:** Ninguno

**Compañía discográfica:** EE.UU.: Capitol

**Grabado en:** California, EE.UU.

**Productor:** Dato no disponible

**Equipo:**
Marni Nixon
Yul Brynner (m. 1985)
Leona Gordon
Reuben Fuentes
Terry Saunders
Robert Russell Bennett
Ken Darby
Gus Levene
Edward B. Powell
Alfred Newman
Twentieth Century Fox Orchestra

1 **Main Title** (1:40)
2 **I Whistle A Happy Tune** (2:41)
3 **My Lord And Master** (2:10)
4 **March Of The Siamese Children** (3:23)
5 **Anna And The Royal Wives** (2:29)
6 **Hello, Young Lovers** (3:28)
7 **A Puzzlement** (3:27)
8 **Getting To Know You** (5:00)
9 **Garden Rendezvous** (2:31)
10 **We Kiss In A Shadow** (2:38)
11 **I Have Dreamed** (3:36)
12 **Shall I Tell You What I Think of You?** (3:37)
13 **Something Wonderful** (3:09)
14 **Prayer To Buddha** (2:16)
15 **Waltz Of Anna And Sir Edward** (1:40)
16 **The Small House Of Uncle Thomas** (12:57)
17 **Song Of The King** (1:32)
18 **Shall We Dance?** (4:22)
19 **The Letter** (3:02)
20 **Something Wonderful (Finale)** (3:11)
21 **Overture** (6:36)

Duración total del disco:
75 minutos

FROM THE SOUND TRACK OF THE MOTION PICTURE
RODGERS AND HAMMERSTEIN'S
The King and I
A 20TH CENTURY-FOX CINEMASCOPE 55 PICTURE
Capitol
HIGH FIDELITY
RECORDING

| • **Discos vendidos:** 500.000 | • **Puesto más alto:** 1 | • **Fecha de publicación:** mayo de 1957 |

Cuando se editó *Film Encores* en la primavera de 1957, Mantovani estaba firmemente consolidado como el director de orquesta preferido por los norteamericanos. A finales de 1956 hizo una gira triunfal por EE.UU. que terminó en el Carnegie Hall de Nueva York, pero en lo que más destacaba era en su arte para las grabaciones. Había hecho discos de éxito desde los años 30, pero el nuevo formato LP de los 50 se adaptaba de forma ideal a la música clásica ligera. Mantovani capitalizó esto, convirtiéndose en uno de los primeros músicos especializado en interpretaciones grabadas y no hechas en directo.

En realidad, *Film Encores* fue una secuela de su disco de éxito de 1955 *Song Hits For Theatreland*, pero cambiando el escenario por la pantalla. Es una selección que se concentra, como parece lógico, en grandes melodías románticas; nada mejor para eso que las tres primeras canciones: «My Fo-

olish Heart», «Unchained Melody» y «Over The Rainbow». Después, hay piezas más rápidas, con la inclusión de temas como «High Noon» y «Hi-Lili Hi-Lo». La marca de fábrica de Mantovani –las «cuerdas en cascada» según los arreglos de Ronald Bringe– aparece en todo el disco. Era precisamente este tipo de música fácil pero sofisticada lo que estaban buscando los norteamericanos que podían permitirse el lujo de comprar equipos de alta fidelidad y discos LP.

*Film Encores* fue el único LP de Mantovani que alcanzó el n.º 1 en las listas. Se mantuvo en ellas durante más de dos años y le hizo ganar un disco de oro.

| | |
|---|---|
| **Sencillo n.º 1:** Ninguno | **Grabado en:** Dato no disponible |
| **Premios Grammy:** Ninguno | **Equipo:** Mantovani (m. 1980) |
| **Compañía discográfica:** EE.UU. y R.U.: Decca | **Productor:** Dato no disponible |

1 **My Foolish Heart**
2 **Unchained Melody**
3 **Over The Rainbow**
4 **Summertime In Venice**
5 **Intermezzo**
6 **Three Coins in the Fountain**
7 **Love is a Many-Splendored Thing**
8 **Laura**
9 **High Noon**
10 **Hi-Lili Hi-Lo**
11 **September Song**
12 **Theme From Limelight**

Duración total del disco: Dato no disponible

# Mantovani
## Film Encores

Mantovani
and his orchestra

DECCA
RECORDS

LK 4200

# 31 Merry Christmas

| • **Discos vendidos:** 500.000 | • **Puesto más alto:** 1 | • **Fecha de publicación:** diciembre de 1957 |

En la década de los 50, los discos de canciones navideñas triunfaban de forma absoluta. Todos los artistas importantes de la época grabaron uno, aunque el rey indiscutible del disco de Navidad fue Bing Crosby. Su «White Christmas», compuesto por Irving Berlin en 1942 y grabado la primera vez en sólo 18 minutos es el sencillo navideño de más éxito de todos los tiempos, habiéndose vendido desde entonces más de 30 millones de copias.

Dado su éxito, es lógico que Bing Crosby quisiera grabar pronto un álbum navideño. Su selección de canciones *Merry Christmas* se editó por primera vez en 1945, con diez canciones repartidas entre cinco discos de 78 rpm. Después fue reeditada en 1949 en un álbum de discos de 25,4 cm, esta vez con ocho canciones.

Por último y al llegar el LP de 30,5 cm de 1955, la editó en su forma definitiva con 12 canciones. Se añadieron, entre otras, la de tema irlandés «Christmas in Killarney» y la hawaiana «Mele Kalikimaka».

Vinieron en ayuda de Bing Crosby unas estrellas amigas de la época de la guerra: las hermanas Andrews, que actúan en «Jingle Bells» y en «Santa Claus is Comin' to Town». *Merry Christmas* no entró en las listas *Billboard* en 1957, pero después llegó al n.º 1 y volvió cada año a las listas hasta 1962, ganando el disco de oro en este tiempo.

---

**Sencillo n.º 1:** Ninguno

**Premios Grammy:**
Ninguno

**Compañía discográfica:**
EE.UU.: Decca:
R.U.: Brunswick

**Grabado en:**
Dato no disponible

**Equipo:**
Bing Crosby (m. 1977)
The Andrews Sisters

**Productor:**
Dato no disponible

---

1  **Silent Night**  (2:39)
2  **Adeste Fideles**  (3:12)
3  **White Christmas**  (3:04)
4  **God Rest Ye Merry Gentlemen**  (2:18)
5  **Faith Of Our Fathers**  (2:54)
6  **I'll Be Home For Christmas**  (2:56)
7  **Jingle Bells**  (2:36)
8  **Santa Claus Is Comin' To Town**  (2:42)
9  **Silver Bells**  (3:04)
10 **It's Beginning To Look Like Christmas**  (2:49)
11 **Christmas In Killarney**  (2:44)
12 **Mele Kalikimaka**  (2:55)

Duración total del disco: 34 minutos

**Bing Crosby**

Brunswick

# Merry Christmas

Adeste Fidelis • I'll Be Home for Christmas • White Christmas • God Rest Ye Merry, Gentlemen • It's Beginning to Look Like Christmas
Silent Night •Jingle Bells (with the Andrews Sisters) • Christmas in Killarney • Santa Claus is Comin' to Town (with the Andrews Sisters)
Faith of Our Fathers • Silver Bells (with Carole Richards) • Mele Kalikimaka (Merry Christmas) (with the Andrews Sisters)

# 30 The Kingston Trio

| • **Discos vendidos:** 500.000 | • **Puesto más alto:** 1 | • **Fecha de publicación:** junio de 1958 |

El primer LP del Trío Kingston fue uno de esos raros discos que se editan con poca publicidad o expectación, pero que después se convierten en éxitos memorables revolucionando el panorama musical. *The Kingston Trio* fue el disco que marcó el boom de la música folclórica a finales de los años 50 y principios de los 60.

Al grupo –tres amigos de un instituto de California– lo había descubierto un agente, Jimmy Saphier, en el verano de 1957, mientras tocaban de forma permanente en el Purple Onion Club de San Francisco. Después, la Capitol Records los contrató y los envió a su estudio con el productor de Frank Sinatra –Voyle Gilmore– para grabar su primer disco.

Tardaron tres días en hacerlo. El LP ofrecía una reproducción bastante genuina del espectáculo que hacían en directo. Incluía canciones folk tradicionales («Three Jolly Coachman» y «Sara Jane»), calipsos («Banua» y «Santo Anno») y canciones folk contemporáneas como «Fast Freight» de Tom Gillkyson. Pero, sobre todo, el disco tenía una balada tremendamente pegadiza llamada «Tom Dooley». Editada como sencillo, «Tom Dooley» tuvo un éxito increíble, vendiéndose más de tres millones de copias y arrastrando en su estela al LP. «Tom Dooley» ganó el disco de oro en 1958; para entonces, ya había nacido el *revival* folclórico, preparando el camino a los movimientos contestatarios de los años 60.

El LP consiguió encaramarse hasta el primer puesto de las listas y se mantuvo bastante más de dos años en ellas.

**Sencillo n.º 1:**
EE.UU.: «Tom Dooley»

**Premios Grammy:**
Mejor Interpretación CGB
por «Tom Dooley»

**Compañía discográfica:**
EE.UU.: Capitol

**Grabado en:**
Hollywood, EE.UU.

**Equipo:**
Bob Shane
Nick Reynolds
Dave Guard

**Productor:**
Voyle Gilmore

1  **Three Jolly Coachmen** (1:47)
2  **Bay of Mexico** (2:52)
3  **Banua** (1:37)
4  **Tom Dooley** (3:03)
5  **Fast Freight** (3:48)
6  **Hard, Ain't It Hard** (2:24)
7  **Saro Jane** (2:24)
8  **Sloop John** (3:31)
9  **Santo Anno** (2:17)
10 **Scotch and Soda** (2:33)
11 **Coplas** (2:38)
12 **Little Maggie** (1:48)

Duración total del disco: 31 minutos

THE KINGSTON TRIO

# 29 The Lord's Prayer

| • **Discos vendidos:** 500.000 | • **Puesto más alto:** 1 | • **Fecha de publicación:** septiembre de 1959 |

El Mormon Tabernacle Choir puede que haya sido uno de los grupos que menos probabilidades tenían de alcanzar las listas de éxitos pero, desde luego, era el más antiguo. El Coro se fundó en 1847 mientras que el tabernáculo, con su potente órgano, se construyó 20 años después. En los últimos años 50, la música del Coro resultaba familiar a millones de personas. Su programa semanal de radio *Music and the Spoken Word* se había iniciado en 1932 y se sigue emitiendo: es el programa de emisión ininterrumpida más duradero de la historia de la radio norteamericana.

El primer LP del Coro del Tabernáculo Mormón se editó muy pronto, en 1949, pero pasaron diez años antes de que llegase a las listas de éxitos.

Para entonces, la música religiosa no era algo extraño para los compradores de discos –Tennessee Ernie Ford había vendido millones de sus grabaciones religiosas–, pero lo que era nuevo era el magnífico sonido del Coro, reforzado por un órgano recién remodelado que tenía 11.000 tubos.

La gran potencia del sonido del Coro –especialmente en la versión del «Battle Hymn Of The Republic»– ganador del Grammy– fue suficiente para convencer al público para que comprase el disco en número suficiente para llevarlo hasta el primer puesto de las listas y, de paso, ganar un disco de oro para *The Lord's Prayer*.

**Sencillo n.º 1:** Ninguno

**Premios Grammy:**
Mejor Coro o Grupo Vocal por «Battle Hymn Of The Repulic»

**Compañía discográfica:**
EE.UU.: Columbia

**Grabado en:**
Salt Lake City, EE.UU.

**Equipo:**
The Mormon Tabernacle Choir
Dr. Richard P. Condie
The Philadelphia Orchestra
Eugene Ormandy
Alexander Schriener
Frank W. Asper

**Productor:**
Dato no disponible

1  The Lord's Prayer
2  Come, Come Ye Saints
3  Blessed Are They That Mourn
4  O, My Father Side
5  How Great The Wisdom And The Love
6  Holy, Holy, Holy
7  148th Psalm
8  For Unto Us A Child Is Born
9  David's Lamentation
10  Londonderry Air
11  Battle Hymn Of The Republic

Duración total del disco: Dato no disponible

The Mormon Tabernacle Choir

# THE
# LORD'S PRAYER

### THE MORMON TABERNACLE CHOIR·
### THE PHILADELPHIA ORCHESTRA, EUGENE ORMANDY

PHOTO: W. LEE  ® "Columbia", "Masterworks", ® ® Marcas Reg. Printed in U. S. A.

# 28 Christmas Sing-Along With Mitch

| • Discos vendidos: 500.000 | • Puesto más alto: 1 | • Fecha de publicación: 1958 |

*C*hristmas Sing-Along With Mitch es, posiblemente, el disco más apreciado de la serie *Sing Along* y su segundo bestseller en su primera edición y, una vez más, dio al público lo que este demandaba. Sin embargo, este LP no fue exactamente lo que cabría esperar de una serie tan descaradamente comercial (tanto que, más o menos, fue el karaoke de su época). En este disco no figura «Jingle Bells», sino una selección totalmente religiosa dedicada a la Navidad más que a los «Christmas».

En este disco de la serie se nota un poco más el trabajo de Miller con su fondo de orquesta ligera, ya que adapta las versiones de «Adeste Fideles» y de «Noche de Paz». Hay también –por primera vez en la serie– alguna grabación de capellanía, incluido el «Coventry Carol».

En conjunto, el tono es más devoto que orientado a un guateque. Miller haría esto último dos años más tarde cuando grabó *Holiday Sing Along*, con abundantes canciones de Papá Noel. Pero, en las Navidades de 1959, desde luego conectó con el espíritu de la gente: *Christmas Sing Along* fue directamente al primer puesto de las listas, ganó un disco de oro y reapareció por derecho propio en las listas en las navidades de los siguientes cinco años.

**Sencillo n.º 1:** Ninguno

**Premios Grammy:** Ninguno

**Compañía discográfica:** EE.UU.: Columbia

**Grabado en:** Nueva York, EE.UU.

**Equipo:** Mitch Miller And The Gang

**Productor:** Mitch Miller

1 Joy To The World (3:54)
2 Hark! The Herald Angels Sing (2:05)
3 What Child Is This? (Greensleeves) (3:26)
4 We Three Kings Of Orient Are (2:24)
5 It Came Upon A Midnight Clear (3:51)
6 Silent Night (1:46)
7 Deck The Hall With Boughs Of Holly (1:52)
8 God Rest Ye Merry, Gentlemen (2:26)
9 O Come All Ye Faithful (4:23)
10 The First Noel (2:05)
11 The Coventry Carol (2:52)
12 O Little Town Of Bethlehem (3:01)

Duración total del disco: 34 minutos

CS 8027    STEREO    FIDELITY    COLUMBIA   LP

# CHRISTMAS

## SING-ALONG WITH MITCH

PHOTO OF MITCHELL JR., MARGARET, FRAN AND MITCH MILLER    PHOTO: BOB CATO

# MITCH MILLER & THE GANG

JOY TO THE WORLD   HARK! THE HERALD ANGELS SING
WHAT CHILD IS THIS (Greensleeves)   WE THREE KINGS
IT CAME UPON THE MIDNIGHT CLEAR   SILENT NIGHT
DECK THE HALL   GOD REST YE MERRY, GENTLEMEN
O COME, ALL YE FAITHFUL   THE FIRST NOEL
THE COVENTRY CAROL   AWAY IN A MANGER
O LITTLE TOWN OF BETHLEHEM   (Includes special sing-along lyric sheets)

# 27 Flower Drum Song

| • **Discos vendidos:** 500.000 | • **Puesto más alto:** 1 | • **Fecha de publicación:** 1958 |

El álbum de *Flower Drum Song* se editó en 1958, después de 600 representaciones seguidas como espectáculo de Broadway. En él, Rodgers y Hammerstein estudian la brecha generacional en el contexto del barrio chino de San Francisco. La historia gira en torno a Sammy Fong, propietario de un club nocturno, cuya familia le trae una novia desde China. En el drama que sigue, se airean alegremente aspectos relativos a las diferencias culturales y la asimilación en canciones como «A Hundred Million Dollars», cantada por Miyoshi Umeki en el papel de Mei Li y «Don't Marry Me», cantada por Larry Blydon en el de Sammy Fong.

También destacaban en el espectáculo los números románticos (como «You Are Beautiful» y «Love, Look Away»), aunque con el tiempo tuvieron menos éxito que el número cómico «I Enjoy Being A Girl», cantado por Pat Suzuki haciendo de Linda Low. La interpretación, segura y descarada, de Pat Suzuki en el papel de Low –una bailarina de cabaret americanizada– contrastaba mucho con la de Miyoshi Umeki en el de Mei Li, la tímida joven recién llegada a Occidente, subrayando la diferencia entre las dos culturas.

Este musical fue muy aplaudido, aunque menos que otras producciones de Rogers y Hammerstein, seguramente porque se estrenó el mismo año que *West Side Story*.

---

**Sencillo n.º 1:** Ninguno

**Premios Grammy:** Ninguno

**Compañía discográfica:** EE.UU.: Columbia; R.U.: Philips

**Grabado en:** Dato no disponible

**Equipo:**
Miyoshi Umeki
Larry Blyden
Pat Suzuki
Juanita Hall
Ed Kenney
Arabella Hong
Keye Luke

**Productor:** Goddard Lieberson

---

1 Overture (4:13)
2 You Are Beautiful (4:04)
3 A Hundred Million Miracles (4:26)
4 I Enjoy Being A Girl (3:37)
5 I Am Going To Like It Here (3:53)
6 Like A God (1:36)
7 Chop Suey (2:39)
8 Don't Marry Me (4:13)
9 Grant Avenue (2:36)
10 Love, Look Away (3:35)
11 At The Celestial Bar: Fan Tan Fannie (5:06)
12 Entr'acte (1:34)
13 The Other Generation (3:17)
14 Sunday (4:23)
15 The Other Generation (Reprise) (2:03)

Duración total del disco: 51 minutos

RODGERS & HAMMERSTEIN in association with JOSEPH FIELDS
present a New Musical

# FLOWER DRUM SONG

Music by
**RICHARD RODGERS**

Lyrics by
**OSCAR HAMMERSTEIN 2nd**

Book by
**OSCAR HAMMERSTEIN 2nd and JOSEPH FIELDS**

Based on the novel by **C. Y. Lee**

with
**Miyoshi Umeki**

**Larry Blyden**

**Juanita Hall • Ed Kenney**

**Keye Luke • Arabella Hong**

and
**Pat Suzuki**

Directed by
**GENE KELLY**

Choreography by
**Carol Haney**
Scenery by
**Oliver Smith**
Costumes by
**Irene Sharaff**
Lighting by
**Peggy Clark**
Orchestrations by
**Robert Russell Bennett**
Musical Director
**Salvatore Dell'Isola**
Dance Arrangements by
**Luther Henderson, Jr.**
Produced for records by
**Goddard Lieberson**

**PHILIPS**

HI-FI-STEREO

PHILIPS

# 26 Elvis

• **Discos vendidos:** 500.000 | • **Puesto más alto:** 1 | • **Fecha de publicación:** noviembre de 1956

El segundo álbum de Elvis se grabó un poco más de seis meses después de su debut, aunque mientras tanto su carrera había cambiado radicalmente. En esos seis meses, Elvis se había convertido en la nueva estrella más famosa de los EE.UU.; para algunos, era un símbolo de degeneración cultural, pero para muchos más era un ídolo.

El disco se grabó en Hollywood en sólo tres días con la orquesta habitual de Elvis (reforzada esta vez por Dudley Brooks al piano y los Jordanaires, sus nuevos cantantes a coro); hubo una excepción: el número de blues de Arthur Crudup «So Glad You Are Mine», que Elvis dejó a un lado en la primera sesión en la RCA. En teoría, las sesiones de grabación las dirigió Steve Sholes, el hombre que había contratado a Presley para la RCA, aunque Sholes, con muy buen sentido, dejó que el propio Elvis llevara la batuta.

Lo mismo que su primer bestseller, este LP tiene una mezcolanza de antiguos roqueros, incluyendo nada menos que tres números de Little Richard, baladas cada vez más facilonas como «First In Line» y hasta un tema country lacrimógeno: «Old Shep».

El disco fue a parar directamente al primer puesto de las listas y se mantuvo en él cinco semanas, dándole a Presley un segundo disco de oro y demostrando de nuevo que los adolescentes estaban dispuestos a comprar rock & roll tanto en discos LP como en sencillos..., siempre que fuesen de Elvis Presley.

**Sencillo n.º 1:** Ninguno

**Premios Grammy:** Ninguno

**Compañía discográfica:** EE.UU.: RCA; R.U.: HMV

**Grabado en:** Hollywood, EE.UU.

**Productor:** Steve Sholes

**Equipo:**
Elvis Presley (m. 1977)
Scotty Moore
Bill Black
D.J. Fontana
Dudley Brooks
The Jordanaires

1  Rip It Up (1:53)
2  Love Me (2:43)
3  When My Blue Moon Turn To Gold Again (2:21)
4  Long Tall Sally (1:53)
5  First In Love (3:34)
6  Paralyzed (2:23)
7  So Glad You`re Mine (2:20)
8  Old Shep (4:09)
9  Ready Teddy (1:56)
10 Anyplace Is Paradise (2:26)
11 How`s The World Treating Me (2:25)
12 How Do You Think I Feel (2:12)

Duración total del disco: 29 minutos

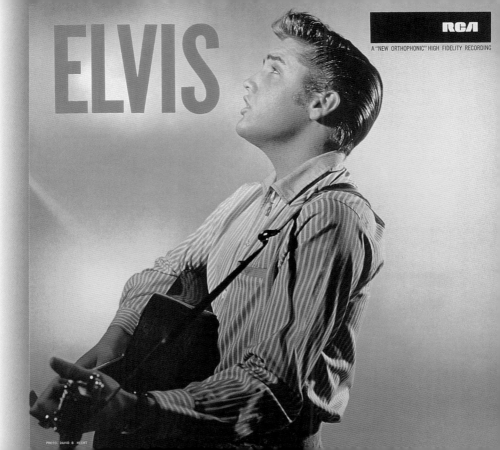

ELVIS

RCA

A "NEW ORTHOPHONIC" HIGH FIDELITY RECORDING

PHOTO: DAVID B. HECHT

# 25 Frank Sinatra Sings For Only The Lonely

| • Discos vendidos: 500.000 | • Puesto más alto: 1 | • Fecha de publicación: 1958 |

A finales de los años 50, cuando la carrera de Frank Sinatra como artista que vendía discos estaba en su apogeo, el cantante prefirió alternar álbumes de baladas con selecciones de temas más movidos. Así como el primer disco de Sinatra de 1958 había sido el exuberante *Come Fly With Me*, en *Sings For Only The Lonely* volvió otra vez a los ritmos lentos.

En principio, Sinatra quería grabar el LP con Gordon Jenkins, que había sido el arreglista de una serie de sus discos anteriores. Pero Jenkins no estaba entonces disponible, por lo que Frank Sinatra echó mano de nuevo del arreglista de sus primeros discos con la Capitol, el famosísimo Nelson Riddle. El resultado fue lo que la mayoría de los críticos consideran uno de los mejores discos de baladas de Sinatra.

Desde el primer tema, «Only The Lonely», hasta el último, «One For My Baby», este conjunto de canciones seguía una fórmula similar a la de los primeros discos lentos de Sinatra, sólo que esta vez empleaba una orquesta más numerosa. El resultado fue una música a mayor escala, que era un fondo espectacular y casi clásico para las canciones de amor y tristeza.

Este disco conmovió al público. Estuvo cinco semanas como n.º 1 y, al final, se convirtió en el único LP de baladas de Sinatra de los años 50 que ganó un disco de oro.

**Sencillo n.º 1:** Ninguno

**Premios Grammy:**
Mejor Portada del Disco

**Compañía discográfica:**
EE.UU.: Capitol

**Grabado en:**
Hollywood, EE.UU.

**Equipo:**
Frank Sinatra (m. 1998)
Nelson Riddle (m. 1985)

**Productor:**
Dave Cavanaugh

1 Only The Lonely (4:09)
2 Angel Eyes (3:44)
3 What's New? (5:12)
4 It's A Lonesome Old Town (4:16)
5 Willow Weep For Me (4:49)
6 Good-Bye (5:45)
7 Blues In The Night (4:45)
8 Guess I'll Hang My Tears Out To Dry (4:02)
9 Ebb Tide (3:17)
10 Spring Is Here (4:46)
11 Gone With The Wind (5:15)
12 One For My Baby (4:25)

Duración total del disco: 54 minutos

Frank Sinatra

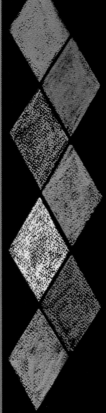

# FRANK SINATRA
## sings for

*only*

*the*

*lonely*

Orchestra conducted by **NELSON RIDDLE**

# 24 Belafonte

| • **Discos vendidos:** 500.000 | • **Puesto más alto:** 1 | • **Fecha de publicación:** 1956 |

El segundo LP de Harry Belafonte, editado en 1956, tenía números del exitoso espectáculo de Broadway *Three For Tonight* que acababa de interpretar. Tenía también temas de su cada vez mayor repertorio: muchos de ellos eran canciones folclóricas del Caribe o canciones de cuerda de presos de las plantaciones y cárceles del sur de Estados Unidos. Este disco le consagró como uno de los mejores artistas negros de la época y estuvo seis semanas en el primer puesto de las listas de la revista *Billboard.*

En este disco y por primera vez, Belafonte desplegó toda su capacidad de interpretación como cantante. Las canciones iban desde solemnes espirituales negros como «Take My Mother Home», «Noah» y «In the Great Getting' Up Mornin», hasta calipsos cadenciosos como «Matilda». «Matilda» era una de las canciones de Belafonte más populares y se había grabado antes como sencillo en 1953. Se consideró que esta nueva grabación era mejor. Belafonte también cantaba varias canciones pertenecientes al folclore negro, entre ellas dos del repertorio de Leadbelly: «Jump Down, Spin Around» y «Sylvie».

En el disco, Belafonte tuvo el respaldo de una serie de músicos, entre ellos el guitarrista Millard J. Thomas, la orquesta de Tony Scott y el coro de Norman Luboff.

**Sencillo n.º 1:** Ninguno

**Premios Grammy:** Ninguno

**Compañía discográfica:** EE.UU.: RCA Victor

**Grabado en:** Nueva York y Hollywood, EE.UU.

**Equipo:**
Harry Belafonte
Millard J Thomas
Tony Scott y su orquesta
The Norman Luboff Singers

**Productor:**
Henri René

1  Waterboy (3:42)
2  Troubles (3:38)
3  Suzanne (3:19)
4  Matilda (3:34)
5  Take My Mother Home (6:00)
6  Noah (4:53)
7  Scarlet Ribbons (3:13)
8  In That Great Getting' Up Mornin' (3:15)
9  Unchained Melody (3:18)
10 Jump Down, Spin Around (1:54)
11 Sylvie (5:21)

Duración total del disco: 42 minutos

LSP-1150 (e)

STEREO
Electronically Reprocessed

RCA VICTOR
A "New Orthophonic" High Fidelity Recording

WATERBOY
TROUBLES
SUZANNE
MATILDA
TAKE MY MOTHER HOME
NOAH
SCARLET RIBBONS
IN THAT GREAT GETTIN' UP MORNIN'
UNCHAINED MELODY
JUMP DOWN, SPIN AROUND
SYLVIE

# Belafonte

• **Discos vendidos:** 500.000 | • **Puesto más alto:** 1 | • **Fecha de publicación:** 1958

En los años 50, Mitch Miller fue la figura más influyente de la música popular norteamericana. Supervisaba la producción de la Columbia Records, la mejor discográfica de la época, y producía y dirigía a muchos de los mejores artistas de la empresa, entre ellos Guy Mitchell y Johnny Mathis. Sin embargo, a pesar de toda su influencia y su éxito, poca gente hubiera imaginado que el vivaracho jefe de la discográfica, de mediana edad, se convertiría en estrella por derecho propio, además de ser uno de los artistas que más venderían en la década.

El disco que lanzó su carrera fue *Swing Along With Mitch,* una idea sencilla que sería un éxito duradero en la radio, la televisión y los discos durante los años 60. La idea no podía ser más simple: un coro de hombres cantando versiones sencillas de temas famosos, desde «You Are My Sunshine» a «She Wore A Yellow Ribbon», principalmente de principios de siglo. Se invitaba al público a cantarlos ayudado por la inclusión de unos folletos con las letras.

Con gran asombro de la industria musical, *Sing Along With Mitch* se colocó en cabeza de las listas de éxitos y estuvo ocho semanas de n.º 1, echando al *King Creole* de Elvis Presley del primer puesto y ganándose de paso un disco de oro.

| | |
|---|---|
| **Sencillo n.º 1:** Ninguno | **Grabado en:** Nueva York, EE.UU. |
| **Premios Grammy:** Ninguno | **Equipo:** Mitch Miller And The Gang |
| **Compañía discográfica:** EE.UU.: Columbia | **Productor:** Mitch Miller |

1   That Old Gang Of Mine  (2:06)
2   Down By The Old Mill Stream  (2:37)
3   By The Light Of The Silvery Moon  (2:15)
4   You Are My Sunshine  (3:18)
5   Till We Meet Again  (2:44)
6   Sweet Violets  (2:42)
7   Let The Rest Of The World Go By  (3:04)
8   I've Got Sixpence/I've Been Working On The Railroad/That's Where My Money Goes  (4:03)
9   She Wore A Yellow Ribbon  (2:49)
10  Don't Fence Me In  (2:05)
11  There Is A Tavern In The Town/Show Me The Way To Go Home  (3:23)
12  Bell Bottom Trousers/Be Kind To Your Web-Footed Friends  (2:54)

Duración total del disco: 34 minutos

CS 8004 **STEREO** COLUMBIA GUARANTEED HIGH FIDELITY

# SING ALONG WITH MITCH
# MITCH MILLER & THE GANG

THAT OLD GANG OF MINE • DOWN BY THE OLD MILL STREAM • BY THE LIGHT OF THE SILVERY MOON • YOU ARE MY SUNSHINE (SMILE AWHILE) • TILL WE MEET AGAIN • SWEET VIOLETS • LET THE REST OF THE WORLD GO BY • MEDLEY: I'VE GOT SIXPENCE; I'VE BEEN WORKING ON THE RAILROAD; THAT'S WHERE MY MONEY GOES • SHE WORE A YELLOW RIBBON • DON'T FENCE ME IN • THERE IS A TAVERN IN THE TOWN & SHOW ME THE WAY TO GO HOME • BELL BOTTOM TROUSERS & BE KIND TO YOUR WEB-FOOTED FRIENDS

| • **Discos vendidos:** 500.000 | • **Puesto más alto:** 1 | • **Fecha de publicación:** octubre de 1959 |

En el verano de 1959, cuando grabó *Here We Go Again!*, el Trío Kingston ya se había consagrado como el grupo más popular de Estados Unidos: no sólo el grupo folk más popular, sino el más popular de cualquier tipo. Hasta la llegada de los Beatles, nadie llegaría a dominar hasta tal punto en las listas de éxitos. En octubre de 1959 y después de lanzar este disco, el Trío Kingston tenía nada menos que cuatro álbumes, simultáneamente, entre los diez más vendidos.

Como su título indica, en *Here We Go Again!* el trío se atuvo a la fórmula que ya le había dado tanto éxito. El único cambio fue que el origen de las canciones era un poco menos variado. La mayoría eran norteamericanas y todas estaban cantadas en inglés, excepto «E Inu Tatou E», una canción del Hawai natal de Guards y Shane. Otros temas destacados eran «Worried Man» (que estaba entre los 20 primeros y era una adaptación del «Worries Man Blues» de la Familia Carter) y la espectacular balada «San Miguel».

*Here We Go Again!* se colocó enseguida en cabeza de las listas, manteniéndose ocho semanas como n.º 1 durante una permanencia total en ellas de 40 semanas. Hizo ganar a The Kingston Trío otro disco de oro.

**Sencillo n.º 1:** Ninguno

**Premios Grammy:** Ninguno

**Compañía discográfica:** EE.UU.: Capitol

**Grabado en:** Hollywood, EE.UU.

**Equipo:**
Bob Shane
Nick Reynolds
Dave Guard

**Productor:**
Voyle Gilmore

1  Molly Dee  (1:45)
2  Across The Wide Missouri  (3:02)
3  Haul Away  (2:25)
4  Wanderer  (2:29)
5  'Round About the Mountain  (2:41)
6  Oleanna  (1:56)
7  Unfortunate Miss Bailey  (2:17)
8  San Miguel  (2:15)
9  E Inu Tatou E  (1:52)
10  Rollin' Stone  (2:35)
11  Goober Peas  (2:20)
12  Worried Man  (2:53)

Duración total del disco: 28 minutos

# 21 Elvis Presley

| • Discos vendidos: 500.000 | • Puesto más alto: 1 | • Fecha de publicación: marzo de 1956 |

El primer disco de Elvis Presley llevaba su nombre y era una grabación verdaderamente revolucionaria, un clásico indiscutible del rock & roll. Pero, al mismo tiempo, era también muy arriesgado. La RCA acababa de contratar a Elvis, procedente de la Sun Records, sobre la base de unos cuantos sencillos. En aquel momento, la experiencia decía que el rock & roll sólo era apto para los sencillos. Pero, cuando el primer disco de Presley para la RCA –«Heartbreak Hotel»– se colocó en el n.º 1 en las listas, la RCA decidió correr el riesgo y hacer a continuación un LP.

En principio, el disco se grabó en dos sesiones en los estudios de la RCA de Nashville; después, se rellenó con cinco temas que Presley había graba-

do hacía 18 meses en los estudios de la Sun. El grupo musical era el clásico trío de Elvis –Scotty Moore, Bill Black y D.J. Fontana–, además de un piano y algunos vocalistas de coro. Los temas eran la música que amaba Elvis: rock & roll, blues y country. Incluía una canción de éxito –«Blue Suede Shoes»– y una balada de la firma: una nueva versión de «Blue Moon» de Rodgers y Hart.

La apuesta de la RCA resultó muy rentable. *Elvis Presley* fue el primer LP de rock & roll en llegar al n.º 1 de las listas. Siguió allí durante diez semanas, ganando de paso un disco de oro.

**Sencillo n.º 1:** Ninguno

**Premios Grammy:**
Ninguno

**Compañía discográfica:**
EE.UU.: RCA Victor;
R.U.: HMV

**Grabado en:**
Nashville & Memphis,
EE.UU.

**Equipo:**
Elvis Presley (m. 1977)
Scotty Moore
Bill Black
D.J. Fontana
Chet Atkins
Floyd Cramer
Gordon Stroker
Ben & Brock Speer

**Productor:**
Steve Sholes

1  Blue Suede Shoes (2:00)
2  I`m Counting On You (2:25)
3  I Got A Woman (2:25)
4  One Sided Love Affair (2:11)
5  I Love You Because (2:44)
6  Just Because (2:34)
7  Tutti Frutti (1:59)
8  Tryin` To Get To You (2:32)
9  I`m Gonna Sit Right Down And Cry (Over You) (2:03)
10 I`ll Never Let You Go (2:26)
11 Blue Moon (2:41)
12 Money Honey (2:36)

Duración total del disco: 29 minutos

Elvis Presley

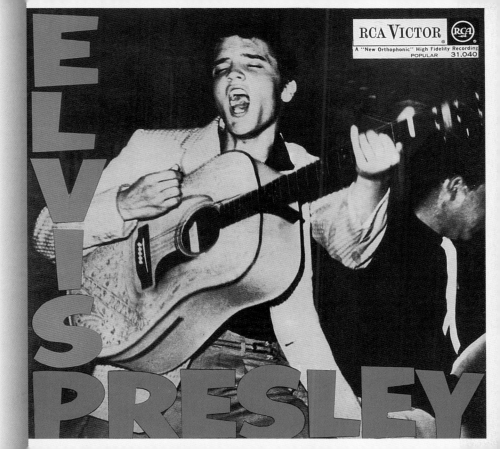

ELVIS PRESLEY

RCA VICTOR

A "New Orthophonic" High Fidelity Recording
POPULAR 31,040

**Elvis Presley**

# 20 Loving You

| • **Discos vendidos:** 500.000 | • **Puesto más alto:** 1 | • **Fecha de publicación:** julio de 1957 |

Cuando se editó *Loving You,* el tercer LP de Elvis Presley, ya se veía que Elvis era la mayor estrella que había producido la música pop hasta entonces. Su popularidad no dejaba de aumentar. Hacía sencillo tras sencillo con el n.º 1 y había actuado en dos películas: la segunda de estas películas fue *Loving You.*

A pesar de las apariencias, este disco no era una banda sonora en el sentido estricto. Incluía las siete canciones que Elvis cantaba en la película, pero las otras cinco canciones eran grabaciones nuevas. Las canciones de la película tampoco se grabaron con las orquestas del estudio cinematográfico; todo el LP lo interpretó la banda habitual de Elvis Presley y se grabó también en su estudio habitual.

Por encima de todo, *Loving You* no es un conjunto de temas de su rock & roll tan duro como el de sus discos anteriores. En especial, el que da título al disco revela la nueva influencia de cantantes sentimentales como Dean Martin. Pero sigue habiendo en conjunto mucho rock & roll clásico, incluyendo la primera canción –«Mean Woman Blues»– y el tema de éxito «Teddy Bear», además de canciones country y blues genuinos como «Have I Told Yoo Lately (That I Love You)» y «I Need You So».

*Loving You* no tardó más que dos semanas en situarse en el primer puesto de las listas, en las que se mantuvo diez semanas ganándose, de paso, el disco de oro.

**Sencillo n.º 1:**
EE.UU.: «Teddy Bear»

**Premios Grammy:**
Ninguno

**Compañía discográfica:**
EE.UU. y R.U.: RCA

**Grabado en:**
Hollywood, EE.UU.

**Equipo:**
Elvis Presley (m. 1977)
Scotty Moore
Bill Black
D.J. Fontana
Dudley Brooks
The Jordanaires

**Productor:**
Steve Sholes

1 **Mean Woman Blues** (2:18)
2 **(Let Me Be Your) Teddy Bear** (1:52)
3 **Loving You** (2:18)
4 **Got A Lot O' Livin' To Do** (2:34)
5 **Lonesome Cowboy** (3:07)
6 **Hot Dog** (1:17)
7 **Party** (1:31)
8 **Blueberry Hill** (2:40)
9 **True Love** (2:07)
10 **Don`t Leave Me Now** (2:06)
11 **Have I Told You Lately (That I Love You)** (2:33)
12 **I Need You So** (2:37)

Duración total del disco: 27 minutos

# ELVIS PRESLEY/LOVING YOU

Elvis Presley sings songs from **HAL WALLIS'** Production **"LOVING YOU"** a Paramount Picture in Technicolor and VistaVision

**LOVING YOU**
**(Let Me Be Your) TEDDY BEA**
**MEAN WOMAN BLUES**
and Others

Diseño de portada de Bud Fraker

RCA
PL 42358

# 19 The Music From Peter Gunn

| • Discos vendidos: 500.000 | • Puesto más alto: 1 | • Fecha de publicación: 1959 |

A Henry Mancini estaban a punto de echarle de su empleo como compositor de la Universal Pictures cuando le ofrecieron la oportunidad de trabajar en una serie policiaca de la televisión –*Peter Gunn*– para la que Blake Edwards, su director, quería un ritmo musical de jazz. Mancini estaba bien cualificado para esto: acababa de componer una banda sonora con aire de jazz para la película de Orson Welles *Touch Of Evil*. Para *Peter Gunn,* empleó un conjunto de jazz de 11 músicos en el que estaba Plas Johnson (una leyenda del jazz) junto con Shelly Manni en la batería, Victor Feldman en el vibráfono y el futuro compositor de música para cine John Williams al piano. En cuanto al estilo, Mancini se inspiró mucho en el jazz «frío», una música que casi ningún televidente había oído antes.

La serie televisiva se convirtió en el éxito sorpresa de la nueva temporada, a lo que contribuyó mucho la música, en especial la insistencia hipnótica del tema. Como consecuencia del éxito de la serie, la RCA decidió grabar un LP con la banda sonora.

El resultado superó todo lo esperado. Saltó hasta el n.º 1 de las listas y se mantuvo en ellas durante diez semanas. En total, estuvo más de dos años en las listas, ganando dos premios Grammy. También impulsó a muchos norteamericanos a comprar nuevos equipos, estereofónicos y de alta fidelidad, para poder saborear la música debidamente.

**Sencillo n.º 1:** Ninguno

**Premios Grammy:**
Mejor Disco del Año y
Mejores Arreglos

**Compañía discográfica:**
EE.UU.: RCA Victor

**Grabado en:**
Hollywood, EE.UU.

**Productor:**
Simon Rady

**Equipo:**
Henry Mancini (m. 1994)
Plas Johnson
Shelley Manne
John Williams
Victor Feldman
Jack Sperling
Rolly Bundock
Pete Candoli
Ted Nash
Dick Nash
Milt Bernhart
Ronnie Lang
Larry Bunker
Johnny T. Williams

1  Peter Gunn  (2:07)
2  Sorta Blue  (2:58)
3  The Brothers Go To Mother's  (2:57)
4  Dreamsville  (3:56)
5  Session At Pete's Pad  (4:00)
6  Soft Sounds  (3:35)
7  Fallout!  (3:16)
8  The Floater  (3:18)
9  Slow And Easy  (3:07)
10 A Profound Gass  (3:20)
11 Brief And Breezy  (3:33)
12 Not From Dixie  (4:10)

Duración total del disco: 40 minutos

LIVING STEREO

RCA VICTOR
LSP-1956
Stereo-Orthophonic High Fidelity Recording

the music from

# PETER GUNN

composed and conducted by.

## HENRY MANCINI

from the NBC television series PETER GUNN

**"MIRACLE SURFACE"**
This record contains the revolutionary new antistatic ingredient, 317X, which helps keep the record dust free, helps prevent surface noise, helps insure faithful sound reproduction on LIVING STEREO records.

*Diseño de portada de Jason Kirby y Fritz Miller*

# 18 At Large

| • Discos vendidos: 500.000 | • Puesto más alto: 1 | • Fecha de publicación: junio de 1959 |

*A*t Large fue el primer LP del trío Kingston que se grabó tras su fulgurante ascenso a la fama como consecuencia del éxito de *Tom Dooley*. Sus discos anteriores se habían grabado con rapidez: no eran más que versiones de estudio de su espectáculo en directo. Pero esta vez el trío se valió de su nuevo «status» para aprovechar las posibilidades de grabación en estudio.

*At Large* se grabó en estéreo, un nuevo avance técnico por entonces. Con la ayuda de Voyle Gilmore –el productor de Sinatra– el trío experimentó grabando en muchas pistas tanto vocal como instrumentalmente. No es extraño que el resultado fuese un LP mucho más sofisticado que sus anteriores discos. *At Large* es una selección variada que tiene muchos temas rápidos –como la canción marinera «Blow Ya Winds» y el tema de Bob Sha-

ne de estilo calipso «I Bawled»–, junto con números melódicos como los temas «All My Sorrows» y «The Seine».

*At Large* llevaba también dos números de éxito del grupo: «Scarlet Ribbons» y una suave canción-protesta, «MTA». El éxito de estos dos números llevó al disco hasta el primer puesto de las listas donde permaneció 15 semanas, algo extraordinario. De paso, se convirtió en el tercer disco de oro del trío Kingston.

**Sencillo n.º 1:** Ninguno

**Premios Grammy:**
Mejor Interpretación Folk

**Compañía discográfica:**
EE.UU. y R.U.: Capitol

**Grabado en:**
Hollywood, EE.UU.

**Equipo:**
Bob Shane
Nick Reynolds
Dave Guard

**Productor:**
Voyle Gilmore

1 MTA (3:14)
2 All My Sorrows (2:48)
3 Blow Ye Winds (2:00)
4 Corey, Corey (2:06)
5 The Seine (2:40)
6 I Bawled (1:52)
7 Good News (2:01)
8 Getaway John (2:36)
9 Long Black Rifle (3:04)
10 Early In The Mornin' (2:04)
11 Scarlet Ribbons (2:17)
12 Remember The Alamo (2:59)

Duración total del disco: 30 minutos

# THE
# KINGSTON
# TRIO
# AT LARGE

Capitol
RECORDS
HIGH FIDELITY
RECORDING

# 17 The Sound Of Music

| • **Discos vendidos:** 500.000 | • **Puesto más alto:** 1 | • **Fecha de publicación:** noviembre de 1959 |

*The Sound of Music,* que mucha gente identifica con la película de Robert Wise de 1965, que fue uno de los filmes musicales más populares de todos los tiempos (*Sonrisas y Lágrimas*, en su versión en español), fue el mayor éxito de la ilustre carrera de los compositores Rodgers y Hammerstein. La historia se basaba en María Von Trapp, una joven vienesa educada en un convento que va como institutriz a casa de una gran familia. Se enamora del padre viudo y la familia acaba actuando en los escenarios como grupo coral. Esta emotiva historia de amor romántico se desarrolla contra el fondo del comienzo del nazismo.

La banda sonora original del musical de Broadway fue un hito en la carrera de Mary Martin, que representaba el papel de María. A pesar de que ya no poseía una voz juvenil (tenía 40 años cuando se estrenó en Broadway la comedia), cantó con calidez y con carisma. Rodgers y Hammerstein, que eran también coproductores, compusieron algunos de sus números más famosos en esta obra: iban de las simpáticas canciones «My Favourite Things», «Do-Re-Mi» y «Sixteen Going On Seventeen» hasta el himno «Climb Ev'ry Mountain».

*The Sound of Music* llegó en Broadway a las 1.443 representaciones. Su versión grabada se convirtió en un LP bestseller.

**Sencillo n.º 1:** Ninguno

**Premios Grammy:** Ninguno

**Compañía discográfica:**
EE.UU.: Columbia;
R.U.: Philips

**Grabado en:**
Dato no disponible

**Equipo:**
Mary Martin (m. 1990)
Theodore Bikel

**Productores:**
Godard Lieberson
Richard Rogers
Oscar Hammerstein II

1  Praludium: The Sound Of Music  (5:08)
2  Maria  (3:21)
3  My Favorite Things  (2:47)
4  Do-Re-Mi  (5:53)
5  Sixteen Going On Seventeen  (3:50)
6  The Lonely Goatherd  (3:21)
7  How Can Love Survive?  (3:03)
8  The Sound Of Music  (3:14)
9  Laendler  (2:24)
10 So Long, Farewell  (2:51)
11 Climb Ev'ry Mountain  (3:31)
12 No Way To Stop It  (3:05)
13 An Ordinary Couple  (3:36)
14 Processional  (3:48)
15 Sixteen Going On Seventeen (reprise)  (2:16)
16 Edelweiss  (2:06)
17 Climb Ev'ry Mountain (reprise)  (1:36)

Duración total del disco: 56 minutos

COLUMBIA MASTERWORKS

# The Sound of Music

## ORIGINAL BROADWAY CAST

# 16 Calypso

| • Discos vendidos: 500.000 | • Puesto más alto: 1 | • Fecha de publicación: junio de 1956 |

Editado en 1956, *Calypso* consagró a Belafonte como una estrella de primera magnitud y tuvo una enorme influencia en la música folk americana. Hasta su edición, Belafonte había grabado en una serie de estilos folclóricos, pero este conjunto de canciones eran todas calipsos de las Indias Occidentales, que iban de lo romántico a lo humorista. El compositor Irving Borgie –también conocido como lord Burgess– escribió casi todas las canciones del disco, algunas de ellas en colaboración con William Attaway –otro escritor negro de canciones– y con el propio Belafonte.

Dos de los temas del disco –«The Banana Boat Song (Day-O)» y «Jamaica Farewell»– se convirtieron en sencillos de gran éxito para Belafonte; otros, como el romántico «I Do Adore Her» y «Come Back Liza», siguieron formando parte de su repertorio en años sucesivos. En contraste con las baladas de amor había canciones cómicas como «The Jack-Ass Song», «Will His Love Be Like His Rum?» y «Man Smart (Woman Smarter)», que descubrieron el lado ingenioso y malicioso del calipso a los oyentes blancos del disco.

Nada más editarse, el disco fue directamente al n.º 1 de las listas y siguió en cabeza durante 31 semanas –una cifra fantástica–, convirtiéndose en uno de los discos más vendidos de la época hechos por un solo artista.

---

**Sencillo n.º 1:** Ninguno

**Premios Grammy:** Ninguno

**Compañía discográfica:**
EE.UU.: RCA Victor;
R.U.: HMV

**Grabado en:**
Hollywood, EE.UU.

**Equipo:**
Harry Belafonte
Tony Scott
Millard J. Thomas

**Productores:**
Henri René
Joe Reisman
E.O. Welker
Herman Diaz Jnr

---

1 Banana Boat Song (Day-O) (3:02)
2 I Do Adore Her (2:48)
3 Jamaica Farewell (3:02)
4 Will His Love Be Like His Rum? (2:33)
5 Dolly Dawn (3:13)
6 Star-O (2:02)
7 The Jack-Ass Song (2:52)
8 Hosanna (2:34)
9 Come Back Liza (3:03)
10 Brown Skin Girl (2:43)
11 Man Smart (Woman Smarter) (3:31)

Duración total del disco: 31 minutos

RCA VICTOR
LPM-1248
A "NEW ORTHOPHONIC" HIGH FIDELITY RECORDING

HARRY BELAFONTE CALYPSO

PHOTO ROY STEVENS

# 15 South Pacific

| • Discos vendidos: 500.000 | • Puesto más alto: 1 | • Fecha de publicación: marzo de 1958 |

La banda sonora de la película *South Pacific (Al sur del Pacífico)* fue el LP más vendido en 1958. La película se parecía muchísimo al musical teatral, sobre todo porque sus compositores –Richards Rodgers y Oscar Hammerstein– habían controlado su producción de manera férrea. La banda sonora incluía todas las canciones del espectáculo original de Broadway, más «My Girl Back Home», que se había suprimido en el teatro.

La historia de *South Pacific* trata de las complicaciones de dos relaciones amorosas interraciales: una entre una joven enfermera y un hombre mayor, con dos niños medio polinesios, y la otra entre un soldado americano y una bella muchacha isleña. Los difíciles problemas raciales y amorosos se trataron en canciones que van desde la exótica «Bali H'ai» a la cómica «I'm Gonna Wash That Man Right Out My Hair». En la pantalla, Mitzi Gaynor interpretó a la figura principal femenina –Nellie Forbush– y cantó sus propias canciones, entre ellas el éxito «I'm In Love With A Wonderful Guy»; a otros personajes de la película los doblaron otros cantantes; el cantante de ópera Giorgio Tozzi puso voz a Emile De Becque –interpretado en la pantalla por Rosanno Brazzi– para el número más importante: «Some Enchanted Evening».

| Sencillo n.º 1: Ninguno | Equipo: |
|---|---|
| | Mitzi Gaynor |
| **Premios Grammy:** | Giorgio Tozzi |
| Ninguno | Ray Walston |
| | Bill Lee |
| **Compañía discográfica:** | Muriel Smith |
| EE.UU. y R.U.: RCA | Thurl Ravenscroft |
| | Joshua Logan |
| **Grabado en:** | Ken Darby |
| Dato no disponible | Ed Powell |
| | Alfred Newman |
| **Productor:** | Ken Darby Singers |
| Dato no disponible | |

1 **South Pacific Overture** (3:03)
2 **Dites-Moi** (1:19)
3 **A Cockeyed Optimist** (1:45)
4 **Twin Soliloquies/Some Enchanted Evening** (5:53)
5 **Bloody Mary** (1:57)
6 **My Girl Back Home** (1:42)
7 **There Is Nothin' Like A Dame** (3:50)
8 **Bali Ha'l** (3:41)
9 **I'm Gonna Wash That Man Right Outa My Hair** (2:56)
10 **I'm In Love with A Wonderful Guy** (3:23)
11 **Younger Than Springtime** (4:59)
12 **Happy Talk** (3:46)
13 **Honey Bun** (1:48)
14 **Carefully Taught** (1:15)
15 **This Nearly Was Mine** (2:12)
16 **Finale** (2:58)

Duración total del disco: 46 minutos

# 14 The Unforgettable Nat King Cole

| • **Discos vendidos:** 1.000.000 | • **Puesto más alto:** 30 | • **Fecha de publicación:** 1952 |

En 1952, cuando se editó el LP *The Unforgettable,* Nat King Cole estaba en la cima de su carrera. El año anterior había disuelto su grupo –Nat King Cole Trio– para actuar como solista, consiguiendo su cuarto éxito n.º 1 y su cuarto disco de oro con «Too Young», que estuvo en cabeza de las listas en junio de 1951. El sencillo «Unforgettable» que le siguió no tuvo tanto éxito: sólo llegó al n.º 14 aunque, desde entonces, se ha convertido en una de sus grabaciones preferidas.

Hasta entonces, los éxitos de Cole en el pop habían sido principalmente con sencillos, porque sus discos solían ser temas de jazz. Decidió que había llegado el momento de editar un LP pop: reunió los dos éxitos junto con otros sencillos recientes –entre ellos «Monna Lisa», que había estado en la parte alta de las listas– para hacer lo que, en principio, fue un disco de 25,4 cm. Se tituló también *Unforgettable* y se volvió a editar en formato LP de 30,5 cm en 1954 y de nuevo en marzo de 1965.

Al haberse editado antes de que la revista *Billboard* empezase a publicar listas de discos, *Unforgettable* no apareció en ellas hasta que se reeditó en 1965, después de la muerte prematura de Nat King Cole. Para entonces, ya se habían vendido un millón de discos.

**Sencillos n.º 1:**
EE.UU.: «Monna Lisa»; «Too Young»

**Premios Grammy:**
Ninguno

**Compañía discográfica:**
EE.UU.: Capitol

**Grabado en:**
Dato no disponible

**Equipo:**
Nat King Cole (m. 1965)

**Productor:**
Dato no disponible

1  **Unforgettable**  (3:13)
2  **Portrait of Jennie**  (3:09)
3  **What'll I Do?**  (3:05)
4  **Lost April**  (2:58)
5  **Answer Me, My Love**  (2:07)
6  **Hajji Baba**  (3:07)
7  **Too Young**  (3:13)
8  **Mona Lisa**  (3:16)
9  **(I Love You) For Sentimental Reasons**  (2:54)
10  **Red Sails In The Sunset**  (3:17)
11  **Pretend**  (2:44)
12  **Make Her Mine**  (2:57)

Duración total del disco: 36 minutos

# THE
# UNFORGETTABLE
# NAT KING COLE

WITH COMMENTARY BY ALAN DELL

# A Jolly Christmas From Frank Sinatra

| • Discos vendidos: 1.000.000 | • Puesto más alto: 18 | • Fecha de publicación: noviembre de 1957 |

En las Navidades de 1957, la cerrera discográfica de Frank Sinatra iba muy bien. El año anterior había tenido éxitos con discos tan distintos como *Close To You* –con un cuarteto de cuerda– y el trepidante *A Swingin' Affair*. Más recientemente había estado en las listas con la banda sonora de su última película: *Pal Joey.*

Había algo que Sinatra no había hecho hasta entonces: un disco navideño. Sinatra se metió en el estudio con el arreglista Gordon Jenkins y se puso manos a la obra, haciendo un disco que mezclaba lo religioso –como «Noche de Paz» o «O Little Town Of Bethlehem»– con canciones alegres típicas de la estación, como «Jingle Bells». En aquel momento, hubo críticos que dijeron que los arreglos de Jenkins, llenos de música de cuerda y de coros, eran de mal gusto. La discográfica Capitol decidió «redondear» el disco incluyendo dos temas («White Christmas» y «Christmas Waltz») que Sinatra había grabado en 1954 con su arreglista de aquellos años, Nelson Riddle.

No puede decirse que el público se abalanzara sobre este LP. Al editarse, sólo llegó al número 18 de las listas, pero la sempiterna popularidad de Frank Sinatra hizo de él un clásico de las navidades. Hasta la fecha, se han vendido más de un millón de copias de él.

---

**Sencillo n.º 1:** Ninguno

**Premios Grammy:** Ninguno

**Compañía discográfica:** EE.UU. y R.U.: Capitol

**Grabado en:** Hollywood, EE.UU.

**Equipo:**
Frank Sinatra (m. 1998)
The Ralph Brewster Singers
Gordon Jenkins
Nelson Riddle (m. 1985)

**Productor:**
Voyle Gilmore

---

1  Jingle Bells  (2:00)
2  Christmas Song  (3:28)
3  Mistletoe And Holly  (2:18)
4  I'll Be Home For Christmas  (3:11)
5  Christmas Waltz  (3:03)
6  Have Yourself A Merry Little Christmas  (3:29)
7  First Noel  (2:44)
8  Hark! The Herald Angels Sing  (2:24)
9  O Little Town Of Bethlehem  (2:06)
10 Adeste Fideles  (2:34)
11 It Came upon A Midnight Clear  (2:51)
12 Silent Night  (2:31)
13 White Christmas  (2:37)

Duración total del disco: 35 minutos

a Jolly Christmas from frank Sinatra

with the orchestra and chorus of *GORDON JENKINS*

# 12 The Star Carol

| • **Discos vendidos:** 1.000.000 | • **Puesto más alto:** 4 | • **Fecha de publicación:** octubre de 1958 |

El primer LP de canciones religiosas de Ernie Ford había sido el más vendido de su carrera hasta entonces: estuvo en las listas de éxitos de la revista *Billboard* un tiempo asombroso: más de 5 años (227 semanas). Por ello, y dado lo populares que eran los discos navideños en los años 50, no es extraño que, al llegar las Navidades de 1958, Ford decidiese hacer un LP de villancicos.

En aquel momento Ford estaba firmemente asentado en Los Ángeles, donde grababa semanalmente su programa de variedades de los jueves por la noche en la NBC, que se llamaba simplemente *The Ford Show*. Era un espectáculo de gran audiencia y uno de los más populares de la televisión de la época. Para grabar *The Star Card,* Ford fue al estudio de grabación de la Capitol Records de Hollywood acompañado por Jack Fasci-

nato –su arreglista habitual– y se puso a trabajar. Las canciones que eligieron eran villancicos clásicos, desde «O Little Town of Bethlehem» hasta la inevitable «Noche de Paz» que cerraba el disco, todas ellas cantadas por Ford con su hermosa voz de barítono.

La respuesta del público fue entusiasta y *The Star Carol* igualó pronto los logros de *Hymns,* vendiéndose más de 1.000.000 de discos. Fue uno de los pocos discos de los años 50 en conseguir tal hazaña. Se hizo tan popular que volvió a las listas de éxitos en las Navidades de los dos años siguientes.

**Sencillo n.º 1:** Ninguno

**Premios Grammy:** Ninguno

**Compañía discográfica:** EE.UU. y R.U.: Capitol

**Grabado en:** Hollywood, EE.UU.

**Equipo:**
Tennessee Ernie Ford (m. 1991)
Jack Fascinato

**Productor:**
Lee Gillette

1  Joy To The World
2  O Little Town Of Bethlehem
3  The Star Carol
4  Hark, The Herald Angels Sing
5  Some Children See Him
6  God Rest Ye Merry Gentlemen
7  O Harken Ye
8  Adeste Fideles
9  The First Noel
10 We Three Kings
11 It Came Upon A Midnight Clear
12 Silent Night

Duración total del disco: Dato no disponible

CAPITOL **STEREO** THE FULL SPECTRUM OF SOUND

The STAR CAROL

"Tennessee" Ernie Ford
SINGS HIS CHRISTMAS FAVORITES

Capitol
RECORDS

HIGH FIDELITY
RECORDING

# 11 Hymns

| • Discos vendidos: 1.000.000 | • Puesto más alto: 2 | • Fecha de publicación: 1957 |

En la primavera de 1957, Tennessee Ernie Ford estaba a medio camino de convertirse, después de ser un cantante country y del Oeste (famoso por su exitoso sencillo «16 Tons»), en un presentador e intérprete de programas de TV muy completo, conocido por alguna frase pegadiza muy célebre. Su programa televisivo –The Ford Show– había comenzado en la NBC en el otoño de 1956; al terminar su primera temporada era número uno en audiencia.

Ford había insistido mucho con los directivos del canal para que le dejasen terminar cada programa con una canción religiosa: un *spiritual*. Con gran sorpresa de los productores, resultó ser una de las partes de más éxito del show. Ante la excelente reacción popular, Ford decidió que su próximo LP sería exclusivamente religioso. Lo llamó sencillamente Hymns (Himnos) y en él combinaba temas famosos –como «Rock of Ages» y «The Old Rugged Cross»– con canciones menos conocidas como «In The Garden». Esta música era muy apropiada para la potente voz de Ford y el disco se convirtió enseguida en el mayor éxito de su carrera.

Hymns fue el primer LP religioso que ganó un disco de oro. Se mantuvo en las listas de éxitos durante un tiempo sin precedentes (277 semanas, más de 5 años), batiendo todos los récords y vendiéndose más de un millón de copias de él. En 1963, la Capitol distinguió a Hymns como el LP de más éxito grabado nunca por un artista de la discográfica. El disco posterior de Ford, Great Gospel Songs, ganó un premio Grammy en 1964.

1. Who At My Door Is Standing (3:18)
2. Rock Of Ages (2:28)
3. Softly And Tenderly (2:43)
4. Sweet Hour Of Prayer (2:51)
5. My Task (2:15)
6. Let The Lower Lights Be Burning (2:02)
7. The Ninety And Nine (2:35)
8. The Old Rugged Cross (2:41)
9. When They Ring Those Golden Bells (3:34)
10. In The Garden (2:45)
11. Ivory Palaces (3:01)
12. Others (2:41)

Duración total del disco: 33 minutos

**Sencillo n.º 1:** Ninguno

**Premios Grammy:** Ninguno

**Grabado en:** Los Ángeles, EE.UU.

**Compañía discográfica:** EE.UU.: Capitol

**Equipo:** Tennessee Ernie Ford (m. 1991) Jack Fascinato

**Productor:** Dato no disponible

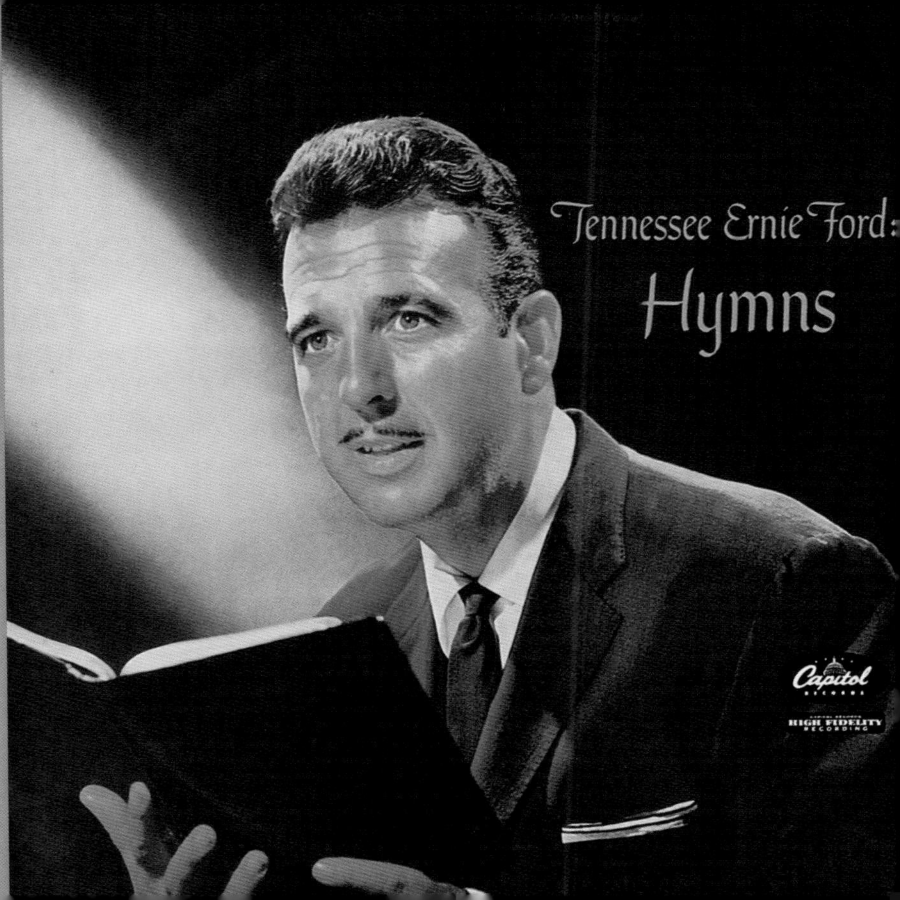
Tennessee Ernie Ford:
Hymns
Capitol
RECORDS
HIGH FIDELITY
RECORDING

# **10** Time Out

| • **Discos vendidos:** 1.000.000 | • **Puesto más alto:** 2 | • **Fecha de publicación:** junio de 1959 |

En el verano de 1954, cuando se puso a grabar *Time Out,* Dave Brubeck ya era una estrella importante en el mundo del jazz. Su cuarteto –en el que estaba el gran saxofonista y compositor Paul Desmond– parecía personificar el estilo de jazz cool, de influencia clásica, de los últimos años 50. Sin embargo, *Time Out* se había concebido como un trabajo experimental. El título hacía referencia a la decisión de Brubeck de hacer un disco que estuviese fuera de los compases convencionales de 3 por 4 y 4 por 4.

Al principio, la discográfica no estaba muy entusiasmada con la idea, pero Brubeck llevaba un as en la manga. Paul Desmond había compuesto un tema en compás de 5 por 4 –llamado simplemente «Take Five»– que había tenido un éxito tan memorable que barrió todas las objeciones. «Take Five» era tan enormemente pegadizo que había conseguido algo rarísimo: un sencillo de jazz capaz de vender un millón de copias.

En el disco había también otros temas populares; actualmente los críticos opinan que se trató de un equilibrio perfecto entre lo experimental y lo asequible. Entre aquellos estaban el «Blue Rondo A la Turk», de influencia turca, y «Strange Meadow Lark», con un arreglo muy fino.

La popularidad de *Time Out* fue aumentando poco a poco hasta llegar al n.º 2 de las listas de discos, vendiéndose por último más de un millón de estos. La ilustración característica, inspirada en el jazz, de la portada de la funda es de Neil Fujita, director de diseño y empaquetado de la Columbia Records entre 1954 y 1960.

**Sencillo n.º 1:** Ninguno

**Premios Grammy:**
Ninguno

**Compañía discográfica:**
EE.UU. y R.U.: Columbia

**Grabado en:** Nueva York,
EE.UU.

**Equipo:**
Dave Brubeck
Paul Desmond
Eugene Wright
Joe Morello

**Productor:**
Teo Macero

1 **Blue Rondo A La Turk (6:44)**
2 **Strange Meadow Lark (7:22)**
3 **Take Five (5:24)**
4 **Three To Get Ready (5:24)**
5 **Kathy's Waltz (4:48)**
6 **Everybody's Jumpin' (4:23)**
7 **Pick Up Sticks (4:16)**

Duración total del disco: 40 minutos

# TIME OUT
## THE DAVE BRUBECK QUARTET

BLUE RONDO A LA TURK • STRANGE MEADOW LARK • TAKE FIVE • THREE TO GET READY • KATHY'S WALTZ • EVERYBODY'S JUMPIN' • PICK UP STICKS

Diseño de portada de Neil Fujits

fontana

# 9 The Music Man

| • **Discos vendidos:** 1.000.000 | • **Puesto más alto:** 1 | • **Fecha de publicación:** enero de 1958 |

*The Music Man* se estrenó en el teatro Majestic de Nueva York en diciembre de 1957, llegó a las 1.379 representaciones y consagró a su compositor, Meredith Wilson, como una de las principales figuras de los musicales de teatro. La grabación original de los intérpretes del espectáculo fue uno de los discos más vendidos de la década y hay varias de las canciones –entre ellas «Seventy-Six Trombones» y «Till There Was You»– que se convirtieron en clásicas de todos los tiempos. El argumento trataba de una pequeña comunidad de Iowa que se asocia para fundar una banda de música para sus hijos. Los personajes y el ambiente se tomaron de la propia infancia de

Wilson en el Medio Oeste y la obra se situaba en 1912. El papel de Harold Hill –un estafador que llega al pueblo y se convierte en un buen ciudadano– lo representaba fantásticamente Robert Preston, cuyas canciones tienen efectos de percusión que parecen fuego graneado. Las canciones más románticas las cantó Bárbara Cook en el papel de Marian, la bibliotecaria de la que se enamora Hill. Las interpretaciones de Bárbara Cook fueron lo mejor del disco. El dueto «Till There Was You» siguió oyéndose, especialmente en la versión de los Beatles de su LP de 1963 *With The Beatles*.

1  **Overture/Rock Island** (5:29)
2  **Iowa Stubborn** (1:59)
3  **Ya Got Trouble** (3:48)
4  **Piano Lesson** (1:56)
5  **Good Night My Someone** (2:46)
6  **Seventy-six Trombones** (3:01)
7  **Sincere** (1:40)
8  **The Sadder-But-Wiser Girl For Me** (1:41)
9  **Pick-A-Little, Take-A-Little/Goodnight** (1:57)
10 **Goodnight Ladies/Marian the Librarian** (2:44)
11 **My White Knight** (3:02)
12 **Wells Fargo Wagon** (2:13)
13 **It's You** (1:25)
14 **Shipoopi** (2:11)
15 **Lida Rose/Will I Ever Tell You?** (4:17)
16 **Gary, Indiana** (1:25)
17 **Till There Was You** (2:46)

Duración total del disco: 44 minutos

**Sencillo n.º 1:** Ninguno

**Premios Grammy:** Mejor Música Original (televisión o musical de Broadway)

**Compañía discográfica:** EE.UU. y R.U.: Capitol

**Grabado en:** Nueva York, EE.UU.

**Equipo:**
Barbara Cook
Robert Preston
Eddie Hodges
Pert Kelton
Herbert Greene
Dick Jones
Verne Reed
Paul Reed
Buffalo Bills
Adnia Rice
Peggy Mondo
Elaine Swann
Adam Hodges
Iggie Wolfington Ensemble
Bob Norbert Orchestra

**Productor:**
Dato no disponible

**Banda sonora original**

# 8 Love Is The Thing

| • Discos vendidos: 1.000.000 | • Puesto más alto: 1 | • Fecha de publicación: 1957 |

Cuando se editó en 1957 el LP de Nat King Cole *Love Is The Thing* resultó un bestseller de un millón de copias. Entre sus muchas canciones de éxito estaban «Stardust», que había salido en sencillo meses antes aquel mismo año. El compositor Hoagy Carmichael dijo que era su versión preferida de esta canción; volvió a su formato original en verso y se convirtió en uno de los temas más apreciados por los norteamericanos.

El arreglista Gordon Jenkins proporcionó un excelente fondo musical para Cole, que cantaba muy bajo pero vocalizaba muy bien. El resultado fue la creación de un ambiente romántico que hacía irrelevantes las limitaciones de Cole. Como dijo éste: «Me apoyo mucho en la letra. Trato de ir contando una historia con la melodía como fondo». La combinación de la cuerda desmayada de Jenkins y el estilo de Cole, tranquilo y civilizado, daba un aire clásico a todas las canciones del disco, desde las baladas más sentimentales a los temas de jazz más trillados.

El éxito de *Love Is The Thing* contribuyó a consagrar a Cole no sólo como un Sinatra de color sino como el mejor cantante de baladas de su tiempo, en una época en la que las empresas discográficas todavía creían que la raza podía ser un obstáculo importante para las ventas.

**Sencillo n.º 1:** Ninguno

**Premios Grammy:** Ninguno

**Compañía discográfica:**
EE.UU. y R.U.: Capitol

**Grabado en:**
Dato no disponible

**Equipo:**
Nat King Cole (m. 1965)
Gordon Jenkins y su
orquesta

**Productor:**
Dato no disponible

1  When I Fall In love  (3:11)
2  End Of A Love Affair  (3:22)
3  Stardust  (3:15)
4  Stay As Sweet As You Are  (2:59)
5  Where Can I Go Without You  (2:57)
6  Maybe It's Because I Love You Too Much  (2:50)
7  Love Letters  (2:46)
8  Ain't Misbehavin'  (3:17)
9  I Thought About Marie  (3:06)
10  At Last  (3:00)
11  It's All In The Game  (3:07)
12  When Sunny Gets Blue  (2:46)
13  Love Is The Thing  (3:01)

Duración total del disco: 40 minutos

**Nat King Cole**

*Love is the Thing*

the voice of
**NAT "KING" COLE**

with the orchestra of
*Gordon Jenkins*

# Heavenly

| • **Discos vendidos:** 1.000.000 | • **Puesto más alto:** 1 | • **Fecha de publicación:** agosto de 1959 |

Editado en 1959, *Heavenly* fue el décimo LP de Johnny Mathis en sólo tres años y uno de los más exitosos de todos sus trabajos: sólo se vio superado en ventas por su disco *Merry Christmas* de 1958 y por una recopilación posterior de sus mayores éxitos.

*Heavenly* no triunfó por hacer nada especialmente innovador: lo hizo, simplemente, por darle al público lo que éste esperaba exactamente de Mathis, para entonces ya un artista consagrado. Es decir, una selección de melodías de espectáculo, algunas canciones convencionales y algunos temas nuevos, todo ello cantado con la fácil voz de tenor de Mathis.

El tema que da título al álbum era una composición anterior del equipo Burt Bacharach-Hal David. Otra canción de éxito fue la versión cantada de la pieza clásica de jazz «Misty», de Errol Garner, a la que Mathis puso la letra de Joe Burke. «Misty» llegó a ser el primer sencillo de éxito de Mathis en los dos años siguientes.

Según los críticos, *Heavenly* era «más de lo mismo», pero en este disco parece que Mathis dio con el equilibrio perfecto. El público lo acogió con entusiasmo y el disco estuvo cinco semanas como n.º 1 de las listas. Y siguió en ellas durante un tiempo asombroso: cinco años y medio.

**Sencillo n.º 1:** Ninguno

**Premios Grammy:** Ninguno

**Compañía discográfica:** EE.UU.: Columbia; R.U.: Embassy

**Grabado en:** Nueva York, EE.UU.

**Equipo:** Johnny Mathis

**Productor:** Mitch Miller

1 Heavenly (3:23)
2 Hello, Young Lovers (4:18)
3 Lovely Way To Spend An Evening (4:04)
4 Ride On A Rainbow (4:11)
5 More Than You Know (4:18)
6 Something I Dreamed Last Night (4:32)
7 Misty (3:38)
8 Stranger In Paradise (4:06)
9 Moonlight Becomes You (4:06)
10 They Say It's Wonderful (3:33)
11 I'll Be Easy To Find (4:04)
12 That's All (3.46)

Duración total del disco: 48 minutos

# JOHNNY MATH[IS]
## HEAVENLY

HEAVENLY
HELLO, YOUNG LOVERS
A LOVELY WAY TO
SPEND AN EVENING
A RIDE ON A RAINBOW
MORE THAN YOU KNOW
SOMETHING I DREAMED
LAST NIGHT

EMB 31084

STEREO

# 6 Gunfighter Ballads And Trail Songs

| • **Discos vendidos:** 2.000.000 | • **Puesto más alto:** 6 | • **Fecha de publicación:** septiembre de 1959 |

En 1959, Marty Robbins ya se había hecho con una reputación por su versatilidad: había grabado música country, pop suave, canciones nuevas e incluso algún rock & roll blando. Sin embargo, cuando sacó su LP de canciones clásicas del Oeste, sorprendió a todo el mundo. Las canciones de *cowboys* habían estado en su apogeo unos años antes, cuando las versiones de Gene Autry dominaban las ondas de la radio, pero en 1959 se pensaba que estaban pasadas de moda sin remedio.

Pero Robbins abrigaba una secreta pasión por este tipo de música y, poco a poco, había compuesto un conjunto de canciones de vaqueros propias. Una tarde se fue al estudio de Nashville y las grabó todas, ayudado y alentado por los dos cantantes que le coreaban, los hermanos Jim y Tompall Glaser, que más tarde fueron estrellas por méritos propios. El resultado fue que este proyecto secundario se convirtió, con mucho, en el disco más vendido de la carrera de Robbins. Tuvo un éxito fantástico que empezó con el lanzamiento del sencillo «El Paso» que, a pesar de tener sólo cuatro minutos y medio de duración, fue un éxito inmediato, llegando al n.º 1 tanto en las listas de temas pop como en las de canciones country.

Le siguió pronto el LP, que llegó a convertirse en el disco definitivo del Oeste: el equivalente en música de las series de televisión clásicas de la época, como *Bonanza* o *Gunsmoke.* En 1960, Robbins ganó un premio Grammy a la Mejor Interpretación Country y del Oeste por «El Paso».

**Sencillo n.º 1:**
EE.UU.: «El Paso»

**Premios Grammy:** Mejor Interpretación Country y del Oeste por «El Paso»

**Compañía discográfica:**
EE.UU.: Columbia;
R.U.: CBS

**Grabado en:**
Nashville, EE.UU.

**Equipo:**
Marty Robbins (m. 1982)
Thomas Grady Martin
Jack H. Prett
Bob Moore
Louis Dunn
Jim Glaser
Tompall Glaser

**Productor:**
Don Law

1 **Big Iron** (3:58)
2 **Cool Water** (3:11)
3 **Billy The Kid** (2:21)
4 **A Hundred And Sixty Acres** (1:42)
5 **They're Hanging Me Tonight** (3:06)
6 **Strawberry Roan** (3:25)
7 **El Paso** (4:21)
8 **In The Valley** (1:51)
9 **The Master's Call** (3:07)
10 **Running Gun** (2:12)
11 **Down In The Little Green Valley** (2:30)
12 **Utah Carol** (3:15)

Duración total del disco: 35 minutos

# GUNFIGHTER BALLADS

## AND TRAIL SONGS

# MARTY ROBBINS

Big Iron ★ Cool Water ★ Billy the Kid
A Hundred and Sixty Acres ★ They're
Hanging Me Tonight ★ The Master's Call
The Strawberry Roan ★ Running Gun
El Paso ★ In the Valley ★ Utah Carol
The Little Green Valley

PHOTO: DON CRAVENS OF BLACK STAR

# 5 Merry Christmas

| • Discos vendidos: 2.000.000 | • Puesto más alto: 3 | • Fecha de publicación: 1958 |

En sus más de 50 años de carrera musical, Johnny Mathis grabó nada menos que nueve discos LP de canciones navideñas. Pero *Merry Christmas*, su primera incursión en este terreno, continúa siendo el preferido. Cuando lo grabó, Mathis tenía 23 años y era el joven cantante sentimental más de moda del momento. Acababa de debutar en el cine, haciendo de cantante de cabaret. Parece claro que lo de hacer un disco navideño era bastante lógico para Mathis.

Para hacerlo, le emparejaron con el legendario arreglista Percy Faith y su orquesta. Casi todas las canciones que escogieron fueron de las consagradas: en el disco están tanto «White Christmas» de Bing Crosby como el célebre «Christmas Song» de Nat King Cole. Pero Mathis se las arregló además para encontrar un tema que llevara su propia firma: es la canción «Winter Wonderland», con la que comienza el disco.

El resultado fue un LP que se ha venido vendiendo sin parar durante más de 40 años, hasta el punto de que, para muchos norteamericanos, forma parte de su experiencia y sus recuerdos de Navidad. Como dijo Oprah Winfrey: «Si no tienes a Johnny Mathis, no tienes Navidad». En cambio, el propio Mathis bromea así: «Lo único que no me gusta demasiado de la Navidad es tenerme que oír tanto a mí mismo».

**Sencillo n.º 1:** Ninguno

**Premios Grammy:** Ninguno

**Compañía discográfica:** EE.UU.: Columbia/CBS; R.U.: Fontana

**Grabado en:** Dato no disponible

**Equipo:** Johnny Mathis The Percy Faith Orchestra

**Productor:** Percy Faith

1  Winter Wonderland  (3:18)
2  Christmas Song  (4:18)
3  Sleigh Ride  (3:01)
4  Blue Christmas  (3:02)
5  I'll Be Home For Christmas  (4:06)
6  White Christmas  (2:32)
7  O Holy Night  (4:36)
8  What Child Is This?  (4:00)
9  First Noel  (3:50)
10 Silver Bells  (3:34)
11 It Came Upon A Midnight Clear  (3:11)
12 Silent Night  (3:55)

Duración total del disco: 44 minutos

Johnny Mathis

# 4 Oklahoma!

• **Discos vendidos:** 2.000.000 │ • **Puesto más alto:** 1 │ • **Fecha de publicación:** agosto de 1955 │

La película *Oklahoma* llegó 12 años después del estreno de la comedia musical del mismo nombre. Basada en *Green Grow The Lilacs*, el público seguía extasiado por la primera obra conjunta de Rodgers y Hammerstein, que se había convertido en un hito de los musicales teatrales. De la banda sonora de la película se vendieron dos millones de discos.

El compositor Richard Rodgers y el letrista Óscar Hammerstein vigilaron muy de cerca la versión cinematográfica, para estar seguros de que Hollywood seguía siendo fiel a la obra original. Sólo dos de las canciones originales («London Room» y «It's a Scandal! It's a Outrage!») no figuraban en las dos horas y media de la película. Jay Backton siguió siendo el director.

La orquestación del arreglista Robert Russell Bennett se grabó en estéreo (no como en la grabación original de los intérpretes de Broadway), dando a los arreglos musicales una anchura y una profundidad que siguen impresionando a los oyentes. Como complemento de la espléndida orquestación estaban las voces de los intérpretes, elegidos tanto por su talento musical, como por su «tirón» taquillero como artistas de cine. El papel de galán fue para Gordon MacRae y el de la estrella femenina para Shirley Jones, con sólo 20 años de edad. Gloria Grahame representaba a Ado Annie. Su forma fácil de cantar daba calidez, intimidad y carácter a la lujosa producción cinematográfica.

**Sencillo n.º 1:** Ninguno

**Premios Grammy:**
Ninguno

**Compañía discográfica:**
EE.UU. y R.U.: MCA/Capitol

**Grabado en:**
Dato no disponible

**Productor:**
Ron O'Brien

**Equipo:**
Shirley Jones
Gordon MacRae (m. 1986)
Gloria Grahame
Rod Steiger (m. 2002)
Charlotte Greenwood
Gene Nelson
James Whitmore
Jay Blackton
Robert Russell Bennett

1  Overture  (4:52)
2  Oh, What A Beautiful Morning  (2:36)
3  The Surrey With The Fringe On Top  (4:53)
4  Kansas City  (2:36)
5  I Cain't Say No  (3:10)
6  Many A New Day  (3:09)
7  People Will Say We're In Love (4:21)
8  Pore Jud Is Daid  (4:16)
9  Out Of My Dreams  (2:25)
10 The Farmer And The Cowman  (2:58)
11 All Er Nothin'  (2:59)
12 Oklahoma!  (3:18)

Duración total del disco: 42 minutos

From the Sound Track of the Motion Picture

Rodgers and Hammerstein's

# Oklahoma!

Capitol
RECORDS

HIGH FIDELITY
RECORDING

# 3 Kind Of Blue

| • **Discos vendidos:** 3.000.000 | • **Puesto más alto:** No entró en lista | • **Fecha de publicación:** agosto de 1959

*K*ind of Blue se grabó en sólo dos días y no es únicamente el LP de jazz más vendido de todos los tiempos sino también uno de los que más influencia han tenido. Probablemente, es el único disco de jazz que muchos aficionados al rock tienen en su colección; más de 40 años después de editarse, su estilo reflexivo y parco se sigue considerando moderno.

La grabación de *Kind of Blue* se hizo entre dos proyectos de la gran orquesta de Miles Davis: *Porgy and Bess* (que ganó el premio Grammy a la Mejor Banda Sonora Original) y *Sketches Of Spain*. Para *Kind of Blue*, Davis reunió una pequeña orquesta de jazz en la que estaban el pianista Bill Evans –cuya contribución fue casi tan grande como la del propio Davis–, los legendarios saxofonistas John Coltrane y «Cannonball» Adderley, que improvisaron de forma soberbia en torno a los insistentes temas modales y la fantástica sección de ritmo de Chambers y Cobb. Las sesiones de grabación fueron espontáneas y no se ensayaron. Posteriormente, Cobb comentó que el disco resultante «se había hecho en el cielo».

Cuando apareció, el LP se vendió bastante para ser un disco de jazz moderno, aunque no llegó a entrar en las listas de éxitos. Pero, cada año que pasaba, su fama iba en aumento, hasta el punto de que, actualmente, en EE.UU. se venden por lo menos 5.000 copias por semana y que se han vendido en todo el mundo más de cinco millones de copias.

**Sencillo n.º 1:** Ninguno

**Premios Grammy:** Ninguno

**Compañía discográfica:** EE.UU.: Columbia; R.U.: Fontana

**Grabado en:** Columbia 30th Street Studio, Nueva York, EE.UU.

**Equipo:**
Miles Davis (m. 1991)
John Coltrane
Julian «Cannonball» Adderley
Bill Evans
Paul Chambers
Jimmy Cobb
Wynton Kelly

**Productor:**
Irving Townsend

1 So What (9:25)
2 Freddie Freeloader (9:49)
3 Blue In Green (5:37)
4 All Blues (11:35)
5 Flamenco Sketches (9:25)

Duración total del disco: 45 minutos

PC 8163

STEREO ◄═══► FIDELITY

MILES DAVIS

COLUMBIA GUARANTEED HIGH FIDELITY ⦿ Lp

Kind of Blue

with Julian "Cannonball" Adderly
Paul Chambers
James Cobb
John Coltrane
Bill Evans
Wynton Kelly

Diseño de portada de Joy Maisel

# 2 My Fair Lady

| • **Discos vendidos:** 3.000.000 | • **Puesto más alto:** 1 | • **Fecha de publicación:** marzo de 1956 |

La grabación de *My Fair Lady*, de Lerner y Loewe, la hicieron sus intérpretes originales del teatro. Al editarse en 1956, estuvo en cabeza de las listas *Billboard* durante más de cinco años y medio (292 semanas): es un récord que no se ha batido hasta hoy.

El musical teatral había tenido un enorme éxito, llegando a las 2.700 representaciones. Se consideró muy superior a los espectáculos normales de Broadway. Basado en la novela *Pygmalion* de George Bernard Shaw, el libreto de Alan Jay Lerner conservaba buena parte del ingenio y la gracia de Shaw, mientras que las canciones de Frederick Loewe iban desde lo romántico («I Could Hace Danced All Night» y «On The Street Where You Live» a lo humorístico y divertido («The Rain in Spain» y «Get Me To The Church On Time»). Pocos musicales pueden ufanarse de tener tantos núme-

ros «clásicos». En el reparto original estaban Julie Andrews (Eliza Doolittle), con 22 años y en espléndida forma vocal, Rex Harrison (Henry Higgins), perfeccionando su civilizado estilo de «hablar cantando» y Stanley Holloway (Alfred P. Doolittle), que daba un toque de comedia musical inglesa a las escenas.

No es raro que los fans de Broadway consideren que esta grabación –no estereofónica– del musical de teatro sea más fresca que la de la película de 1964 –técnicamente más pulida– en la que Audrey Hepburn hacía el papel de Eliza con sus canciones dobladas por Marni Nixon.

1 **Overture (2:59)**
2 **Why Can't The English (2:40)**
3 **Wouldn't It Be Loverly (3:55)**
4 **With A Little Bit Of Luck (3:55)**
5 **I'm An Ordinary Man (4:38)**
6 **Just You Wait (2:41)**
7 **The Rain In Spain (2:39)**
8 **I Could Have Danced All Night (3:28)**
9 **Ascot Gavotte (3:13)**
10 **On the Street Where You Live (2:56)**
11 **You Did It (4:25)**
12 **Show Me (2:10)**
13 **Get Me To The Church On Time (2:42)**
14 **A Hymn To Him (3:28)**
15 **Without You (2:01)**
16 **I've Grown Accustomed To her Face (5:14)**

Duración total del disco: 53 minutos

| **Sencillo n.º 1:** Ninguno | **Equipo:** |
| --- | --- |
| | Julie Andrews |
| **Premios Grammy:** | Rex Harrison (m. 1990) |
| Ninguno | Stanley Holloway (m. 1982) |
| | Gordon Dilworth |
| **Compañía discográfica:** | John Michael King |
| EE.UU.: Columbia; | Philippa Bevans |
| R.U.: Philips | |
| | **Productor:** |
| **Grabado en:** Londres, R.U. | Goddard Lieberson |

OL 5090

A HIGH FIDELITY RECORDING

**LP**

Herman Levin presents

# REX HARRISON
# JULIE ANDREWS
# MY FAIR LADY

adapted from Bernard Shaw's "Pygmalion"

book and lyrics by: **Alan Jay Lerner**
music by: **Frederick Loewe**
production staged by: **Moss Hart**

choreography and musical numbers by: Hanya Holm
production designed by: Oliver Smith
costumes designed by: Cecil Beaton

musical director/Franz Allers
orchestrations/Robert Russell Bennett
dance music arrangements/Trude Rittman
lighting/Feder

with **Stanley Holloway**

Robert Coote
Michael King / Rod McLennan

produced for records by Goddard Lieberson

# 1 Elvis' Christmas Album

| • **Discos vendidos:** 7.000.000 | • **Puesto más alto:** 1 | • **Fecha de publicación:** octubre de 1957 |

Grabado en 1957, el primer LP de canciones navideñas de Elvis Presley contribuyó a consagrarle como el rey de la música ligera tanto como del rock & roll. A pesar de provocar cierta conmoción cuando se editó (Irving Berlin, el compositor de «Navidades Blancas» encabezó una campaña para que la versión de Elvis no se emitiese en la radio), el disco llegó al n.º 1 en las listas de la revista *Billboard* y siguió vendiéndose en gran número al llegar la Navidad hasta 1962. Desde entonces, se ha convertido en un clásico navideño y en el LP más vendido de los años 50.

El disco se grabó en tres días (del 5 al 7 de septiembre), junto con otras melodías, en la Radio Recorders de Hollywood. Tenía una mezcolanza de himnos, temas evangélicos y canciones populares de Navidad: todos ellos los interpretaba Presley con su característico desparpajo y brillantez. Durante la grabación, los compositores Leiber y Stoller escribieron el primer tema del disco –«Santa Claus is Back in Town»– que resultó ser uno de los mejores temas de todos.

Cuando se editó el disco a mediados de octubre, hubo «gurús» de los medios de comunicación, clérigos y figuras de la industria musical –que no sabían nada de las raíces evangélicas de gospel sureño de Presley– que lo denunciaron como un intento de profanación de la cristiandad del joven rebelde del rock & roll. Pero el público lo vio de distinta manera y el espíritu religioso del disco –realmente sentido– contribuyó a consagrar a Presley como un héroe popular norteamericano.

1  **Santa Claus Is Back In Town** (02:12)
2  **White Christmas** (02:44)
3  **Here Comes Santa Claus (Right Down Santa Claus Lane)** (01:56)
4  **I'll Be Home For Christmas** (01:55)
5  **Blue Christmas** (02:08)
6  **Santa Bring My Baby Back (To Me)** (01:52)
7  **Oh Little Town Of Bethlehem** (02:37)
8  **Silent Night** (02:25)
9  **Peace In The Valley** (3:22)
10 **I Believe** (2:05)
11 **Take My Hand, Precious Lord** (3:21)
12 **It Is No Secret (What God Can Do)** (3:52)

Duración total del disco: 57 minutos

---

**Sencillo n.º 1:** Ninguno

**Premios Grammy:** Ninguno

**Compañía discográfica:** EE.UU. y R.U.: RCA

**Grabado en:** Hollywood, EE.UU.

**Equipo:**
Elvis Presley (m. 1977)
Scotty Moore
Bill Black
DJ Fontana
The Jordanaires
Millie Kirkham

**Productor:**
Steve Sholes

**Elvis Presley**

# Elvis' Christmas Album

*plus a booklet of
full colour photos*

# Apéndice: datos y cifras

## Discos LP ganadores de premios Grammy entre los 100 primeros

1  *The Music From Peter Gunn*: Henry Mancini (19)
   Dos premios: Mejor Disco LP del Año; Mejor Arreglo

2  *Come Dance With Me*: Frank Sinatra (35)
   Dos premios: Mejor Disco LP del Año e Interpretación Vocal

3  *Gunfighter Ballads & Trail Songs*: Marty Robbins (6)
   Dos premios: Mejor Interpretación Country y del Oeste

4  *The Music Man*: Banda sonora original (9)
   Un premio: Mejor Interpretación Original (teatro o TV)

5  *At Large*: The Kingston Trio (18)
   Un premio: Mejor Interpretación Folk

6  *The Lord's Prayer*: The Mormon Tabernacle Choir (29)
   Un premio: Mejor Grupo Vocal o Coro

7  *The Kingston Trio*: The Kingston Trio (30)
   Un premio: Mejor Interpretación Country y del Oeste

8  *Belafonte At Carnegie Hall*: Harry Belafonte (38)
   Un premio: Mejor Ingeniero de sonido

9  *Gigi*: Banda sonora original (67)
   Un premio: Mejor Disco de Banda Sonora

10 *Tchaikovsky: Piano Concerto No.1*: Van Cliburn (69)
   Un premio: Mejor Interpretación Instrumental Clásica

## Discos que tienen sencillos «n.º 1»

1  *The Unforgettable Nat King Cole*: Nat King Cole (14)
   Dos n.º 1: «Mona Lisa»; «Too Young»

2  *Gunfighter Ballads & Trail Songs*: Marty Robbins (6)
   Un n.º 1: «El Paso»

3  *Elvis Presley*: Loving You (20)
   Un n.º 1: «Teddy Bear»

4  *Elvis Presley*: King Creole (80)
   Un n.º 1: «Hard Headed Woman»

## Discos LP navideños entre los 100 primeros

1  *Elvis's Christmas Album*: Elvis Presley (1)
2  *Merry Christmas*: Johnny Mathis (9)
3  *The Star Carol*: Tennessee Earnie Ford (12)
4  *A Jolly Christmas From Frank Sinatra*: Frank Sinatra (13)
5  *Chistmas Sing-Along With Mitch*: Mitch Miller And The Gang (28)
6  *Merry Christmas*: Bing Crosby (31)
7  *Christmas Carols*: Mantovani (45)
8  *Christmas Hymns And Carols*: The Robert Shaw Chorale (50)
9  *Christmas With Conniff*: Ray Conniff (64)

## Bandas sonoras de películas y TV entre los 100 primeros

1 *Oklahoma!*: Varios artistas (4)
2 *South Pacific*: Varios artistas (15)
3 *The Music From Peter Gunn*: Henri Mancini (19)
4 *Porgy And Bess*: Varios artistas (57)
5 *Gigi*: Varios artistas (67)
6 *The Eddie Duchin Story*: Carmen Cavallaro (76)
7 *The Man With The Golden Arm*: Varios artistas (78)
8 *King Creole*: Elvis Presley (80)
9 *Pal Joey*: Frank Sinatra (84)
10 *Peter Pan*: Varios artistas (90)
11 *Deep In My Heart*: Varios artistas (91)
12 *High Society:* Varios artistas (92)
13 *Miss Showbusiness*: Judy Garland (96)
14 *Picnic*: Varios artistas (96)
15 *There's No Business Like Showbusiness*:
   Varios artistas (98)

## Musicales de teatro entre los 100 primeros

1 *My Fair Lady*: Varios artistas (2)
2 *The Music Man*: Varios artistas (9)
3 *The Sound Of Music*: Varios artistas (17)
4 *Flower Drum Story*: Varios artistas (27)
5 *West Side Story*: Varios artistas (48)
6 *Damn Yankees*: Varios artistas (97)
7 *Fanny*: Varios artistas (100)

## Discográficas con más LP entre los 100 primeros

1 Capitol (30 discos)
2 Columbia/CBS (24 discos)
3 RCA/RCA Victor (21 discos)
4 Decca (12 discos)
5 Philips (4 discos)
6 Dot (3 discos)
7 Fontana (3 discos)
8 HMV (3 discos)
9 Kapp (3 discos)
10 London (2 discos)
11 MGM (2 discos)
12 Embassy (1 disco)
13 Imperial (1 disco)
14 Liberty (1 disco)
15 Mercury (1 disco)

## Productores con más LP entre los 100 primeros

1 Voyle Gilmour (11 discos)
2 Mitch Miller (10 discos)
3 Dave Cavanaugh (4 discos)
4 Henri René (4 discos)
5 Steve Scholes (4 discos)

**Artistas con el mayor número de discos en el Top 100**
**(según el número de discos y con la posición obtenida por los mismos)**

1  **Frank Sinatra:**
   *A Jolly Christmas From* (13)
   *Sings Only For The Lonely* (25)
   *Come Dance With Me* (35)
   *Songs For Swinging Lovers* (37)
   *Come Fly With Me* (72)
   *In The Wee Small Hours* (77)
   *No One Cares* (79)
   *A Swingin' Affair* (83)
   *Pal Joey* (84)
   *Where Are You* (86)

2  **Harry Belafonte:**
   *Calypso* (16)
   *Belafonte* (24)
   *An Evening With* (34)
   *At Carnegie Hall* (38)
   *Sings Of The Caribbean* (85)
   *Mark Twain And Other Folk Favorites* (87)

3  **Johnny Mathis:**
   *Christmas Album* (5)
   *Heavenly* (7)
   *Warm* (36)
   *Open Fire, Two Guitars* (41)

   *Swing Softly* (52)
   *Wonderful, Wonderful* (89)

4  **Mitch Miller And The Gang:**
   *Sing Along With Mitch* (23)
   *Christmas Sing Along With Mitch* (28)
   *Still More Sing Along With Mitch* (42)
   *More Sing Along With Mitch* (43)
   *Party Sing Along With Mitch* (54)
   *Folk Songs Sing Along With Mitch* (62)

5  **Mantovani:**
   *Film Encores* (32)
   *Christmas Carols* (45)
   *Gems Forever* (46)
   *Strauss Waltzes* (56)
   *Song Hits From Theatreland* (58)
   *Mantovani Stereo Showcase* (95)

6  **Elvis Presley:**
   *Elvis' Christmas Album* (1)
   *Loving You* (20)
   *Elvis Presley* (21)
   *Elvis* (26)
   *King Creole* (80)

**Apéndice**

**7 The Kingston Trio:**
*At Large* (18)
*Here We Go Again* (22)
*The Kingston Trio* (30)
*From The Hungy I* (39)

**8 Tennessee Earnie Ford:**
*Hymns* (11)
*The Star Carol* (12)
*Nearer The Cross* (47)
*Spirituals* (51)

**9 Jackie Gleason:**
*Music For The Love Hours* (63)
*Lonesome Echo* (74)
*Romantic Jazz* (81)
*Music To Remember Her* (94)

**8 Roger Williams:**
*Till* (44)
*Songs Of The Fabulous Fifties* (53)
*More Songs Of The Fabulous Fifties* (61)

## Los 10 primeros artistas en solitario

1   Elvis Presley: *Elvis' Christmas Album* (1)
2   Miles Davis: *Kind Of Blue* (3)
3   Johnny Mathis: *Merry Christmas* (5)
4   Marty Roberts: *Gunfighter Ballads And Trail Songs* (6)
5   Dave Brubeck: *Time Out* (10)
6   Tennessee Earnie Ford: *Hymns* (11)
7   Frank Sinatra : *A Jolly Christmas From* (13)
8   Nat King Cole: *Love Is The Thing* (14)
9   Harry Belafonte: *Calypso* (16)
10  Henry Mancini: *The Music From Peter Gunn* (19)

## Grupos y coros entre los 100 primeros

1   The Kingston Trio: *At Large* (18)
2   The Mormon Tabernacle Choir: *The Lord's Prayer* (29)
3   The Robert Shaw Chorale: *Christmas Hymns and Carols* (50)

## Artistas no estadounidenses entre los 100 primeros

1   Mantovani: *Film Encores* (32) (Italia/R.U.)
2   Antal Dorati: *Tchaikovsky's 1812* (40) (Hungría)
3   Crazy Otto: *Crazy Otto* (75) (Alemania)

# Índice

Indice